Renate [illegible]

Über dieses Buch

Ein neues Anwendungsfeld der psychoanalytischen Kinderpsychologie wird in diesem Buch präsentiert. In mehr als zwanzigjähriger Pionierarbeit haben sich Anna Freud und Thesi Bergmann mit der für Eltern, Kinderärzte und Kinderschwestern gleichermaßen wichtigen Frage auseinandergesetzt: Wie wirken sich körperliche Krankheiten auf die seelische Entwicklung des Kindes aus, wie lassen sich schwere Traumatisierungen vermeiden?

»Freud und Bergmann geben ein kleines Handbuch für die ... Kommunikation zwischen Kind und Eltern bzw. Ärzten ... Sie ›übersetzen‹ etwa: Wegen Infektionsgefahr isolierte Kinder fühlen sich verbannt; Klinikaufenthalte mit Trennung von der Mutter werden sehr oft als Strafe empfunden; Diät gilt als Liebesentzug; Operationen wecken häufig Kastrationsängste; Klistiere werden als sexuelle Attacke verstanden. Solche Phantasien müssen erkannt werden, um zu verhindern, daß sie im Seelenleben des Kindes eine weitgehend autonome, unbewußte Aktivität entfalten. Wenn das Pflegepersonal lernt, auf sie einzugehen, gewinnt das Kind eine realistischere Einstellung zur Krankheit und zu seinem Körper. Die Stimmung am Krankenbett bessert sich, eine Atmosphäre wird geschaffen, in der auch die Heilung rascher vor sich gehen kann.« (Wolfgang Schmidbauer in ›Selecta‹.)

Die Autorinnen

Anna Freud (geb. 1895), Tochter Sigmund Freuds, ist mit ihrem umfangreichen wissenschaftlichen Werk Mitbegründerin der Kinderanalyse. Thesi Bergmann (geb. 1904) ist ihre langjährige Mitarbeiterin. (Ausführliche Autorennotizen finden sich auf S. 143 des vorliegenden Bandes.)

Anna Freud und Thesi Bergmann

Kranke Kinder

Ein psychoanalytischer Beitrag
zu ihrem Verständnis

Fischer Taschenbuch Verlag

Der vorliegende Abdruck übernimmt unverändert die zweite, korrigierte Auflage (1976) der erstmals 1972 in der S. Fischer Reihe CONDITIO HUMANA; ERGEBNISSE AUS DEN WISSENSCHAFTEN VOM MENSCHEN (Herausgeber: Thure von Uexküll und Ilse Grubrich-Simitis; Berater: Johannes Cremerius, Hans J. Eggers, Thomas Luckmann) erschienenen Edition.

Fischer Taschenbuch Verlag
August 1977

Umschlagentwurf: Jan Buchholz / Reni Hinsch
unter Verwendung eines Fotos (Foto: Barbara Klemm)

Von ›Kinder im Krankenhaus‹ übersetzte Anna Freud ihre Vorbemerkung sowie den III. Teil ins Deutsche; die deutsche Fassung der anderen Teile stammt von Gert H. Müller. Thesi Bergmann hat die Übersetzung durchgesehen und autorisiert. Anna Freud übersetzte auch ›Die Mandeloperation einer Vierjährigen‹ ins Deutsche.

Fischer Taschenbuch Verlag GmbH, Frankfurt am Main.
Die Taschenbuch-Ausgabe erfolgt mit freundlicher Genehmigung des S. Fischer Verlags, Frankfurt am Main.
Gesamtherstellung: Clausen & Bosse, Leck (Schleswig).
Printed in Germany 1977.
6363-580-ISBN 3-436-02524-0

Zu diesem Buch

Es geht im vorliegenden Band um ein neues Anwendungsfeld der psychoanalytischen Kinderpsychologie, nämlich um die Frage nach den Auswirkungen *körperlicher* Krankheit auf das Seelenleben des Kindes. Den Hauptteil bildet die von Anna Freud und Thesi Bergmann gemeinsam verfaßte Studie ›Kinder im Krankenhaus‹. Sie enthält Darstellung und Auswertung einer zwanzigjährigen Pionierarbeit, die Thesi Bergmann als Kindertherapeutin in einer mit progressiven Methoden der Kinderpflege experimentierenden Universitätsklinik in Cleveland, Ohio, seit 1948 geleistet hat. Vor allem an chronisch kranken Kindern konnte sie mit großem Einfühlungsvermögen alle jene psychischen Reaktionen und Entwicklungsabläufe studieren, die auch bei vergleichsweise harmlosen Kinderkrankheiten eine Rolle spielen. Ihre Funde sind deshalb nicht nur für Kinderärzte, Kinderschwestern usw., sondern ebenso für Eltern von Bedeutung.

Selbst den fachlich nicht geschulten Lesern bietet die einfache und klare Sprache des Buches keine Schwierigkeit. Der Text ist vielfach durch anschauliche Fallberichte mit Kinderdialogen in wörtlicher Rede aufgelockert. Dabei wird immer wieder der in der Krankheit noch gesteigerte dramatische Unterschied zwischen der Wirklichkeitswahrnehmung der Erwachsenen und derjenigen der Kinder offenbar.

Nur wenn dieser Unterschied von den Erwachsenen, die es gewohnt sind, Krankheit und Therapie ausschließlich realistisch, d. h. praktisch und somatisch, zu betrachten, begriffen wird, kann es gelingen, das oft rätselhafte und aufsässige Verhalten der jungen Patienten zu verstehen und ihnen wirkungsvoll aus ihrer Bedrängnis zu helfen. In der kindlichen Vorstellungswelt, in der die Grenzen zwischen Realität und Phantasie noch nicht festgelegt sind, vermischt sich nämlich stets die *reale* Gefahr einer Erkrankung mit *archaischen*, aus dem Unbewußten aufsteigenden Ängsten. So kann ein von solchen Ängsten überwältigtes Kind

etwa eine Operation, aber genauso eine harmlose Injektion als Bestrafung, Verstümmelung, Kastration oder die Einweisung auf eine Isolierstation als aggressive Verbannung durch die Eltern erleben; entsprechend intensiv wird es mit Panik, Wutausbrüchen usw. reagieren.
Um nur noch einige der von den Autorinnen diskutierten Fragen zu nennen: Was bedeuten für die kindliche Psyche die Trennung von Zuhause und das Sicheinfügenmüssen in das Gemeinschaftsleben der Klinik? Wie verhält sich die Autorität von Ärzten und Schwestern zur elterlichen Autorität? Wie sollen und können Kinder auf operative Eingriffe seelisch vorbereitet werden? Welche Verhaltensunterschiede gibt es zwischen einzelnen Krankheitsbildern, z. B. zwischen Herzkranken und orthopädischen Patienten? Welchen Stellenwert haben Schmerz und Tod in der kindlichen Phantasie?
Das ›Journal of the American Academy of Child Psychiatry‹ stellte fest, ›Kinder im Krankenhaus‹ sei »eine Kostbarkeit«: »Niemals ist ein Buch geschrieben worden, das in so klaren und wenigen Worten so viel über Kinder und ihre Reaktionen auf körperliche Leiden aussagt.« Und ›The Psychoanalytic Quarterly‹ urteilte: »Dieses Buch sei ... allen an der Arbeit mit Kindern Interessierten mit größtem Nachdruck empfohlen.«
Der vorliegende Band enthält außerdem Anna Freuds berühmte grundsätzliche Arbeit über ›Die Rolle der körperlichen Krankheit im Seelenleben des Kindes‹ (1930) sowie, von der Autorin erstmals ins Deutsche übertragen, ihre Äußerungen ›Über die Mandeloperation einer Vierjährigen‹ (1956).

Mai Mai '78

Inhalt

DIE ROLLE DER KÖRPERLICHEN KRANKHEIT IM SEELENLEBEN DES KINDES

(Von Anna Freud)

DIE MANDELOPERATION EINER VIERJÄHRIGEN: ÜBER DEN BERICHT EINER MUTTER

(Von Anna Freud)

ANHANG

Vorwort

Das vorliegende kleine Buch ist dazu bestimmt, den deutschen Leser in ein bisher vernachlässigtes Gebiet der Kinderfürsorge einzuführen.
Als Psychoanalytiker haben wir in den letzten Jahrzehnten viel Neues über die seelischen Entwicklungsschwierigkeiten des Kindesalters erarbeitet und haben unsere Kenntnisse Stück für Stück für Fragen der Erziehung nutzbar gemacht. Wir stehen jetzt vor der Aufgabe, unsere Erfahrungen in ähnlicher Weise auch auf den Bereich der körperlichen Störungen im Leben der Kinder anzuwenden.
Die hier folgenden drei Arbeiten beschreiben drei verschiedene Versuche dieser Art. Sie erscheinen hier in der Hoffnung, auf diese Weise den Leitern von Kinderkliniken, den Kinderärzten, Kinderpflegerinnen und Müttern, kurz allen für kranke Kinder Verantwortlichen, ein besseres Verständnis für die seelische Bedeutung der körperlichen Vorgänge zugänglich zu machen. Unserer Erfahrung nach ist es nur das Verstehen, das im Laufe der Zeit auch zu einem veränderten Handeln dem Kind gegenüber führt.

London, März 1972 — Anna Freud

Kinder im Krankenhaus

VON

THESI BERGMANN UND ANNA FREUD

Vorbemerkung

Was wir theoretisch von den Fortschritten der psychoanalytischen Kinderpsychologie gelernt haben, ließe sich im praktischen Handeln auf viele Seiten des kindlichen Lebens anwenden: auf Erziehung und Unterricht der Gesunden, auf die Fürsorge, Behandlung und Pflege der Gestörten oder Kranken, auf die Schwierigkeiten der Verwaisten, Verwahrlosten und Delinquenten. Der Zugang zu jedem dieser neuen Arbeitsgebiete war jedesmal innig verbunden mit dem Auftreten einzelner Menschen, die in unermüdlicher Hingabe an eine selbstgestellte Aufgabe Arbeitswege eröffneten, auf denen andere ihnen folgen konnten.

Was wir in der vorliegenden Veröffentlichung vor uns haben, ist der Bericht über eine fast zwanzigjährige Pionierarbeit dieser Art. Thesi Bergmann, die sich die Probleme der chronisch kranken Kinder als ihren Bereich gewählt hat, schildert hier das harte Schicksal und entbehrungsreiche Leben der jungen Patienten, ihre Ängste und Verleugnungen, ihre Gefügigkeit und Auflehnung, ihre Einstellung zu Hoffnung oder Resignation, Genesung oder Tod. Sie gibt Einsicht in ihre eigenen tastenden Versuche, das Vertrauen der Kinder zu gewinnen, ihr Benehmen und ihre Äußerungen zu verstehen und, aufgrund des stetig wachsenden Verständnisses, ihnen die geeignete Hilfe und Unterstützung zu leisten.

Mein eigener Anteil an diesem Buch ist ein bescheidener. Das wichtige Beobachtungsmaterial und viele der darauf aufgebauten Schlußfolgerungen sind zur Gänze das Eigentum Thesi Bergmanns. Meine Verantwortung beschränkt sich auf die Auswahl aus ihren Beispielen, auf die Formulierung des Textes, auf Vorwort und Nachwort. Der Grund, warum ich diese Arbeit unternommen habe, entstammt der Überzeugung, daß solche Bemühungen, auch wenn sie ohne Anspruch auf Anerkennung und in aller Stille vor sich gegangen sind, es verdienen, in geeigneter Form vor einen interessierten Leserkreis gebracht zu werden.

Baltimore, County Cork, im April 1965 Anna Freud, LLD., Sc. D.

Vorwort

Die Erfahrungen, von denen ich auf den folgenden Seiten berichte, wurden während eines Zeitraumes von fast zwanzig Jahren gesammelt, hauptsächlich im Rainbow Hospital, einer der Universitätskliniken von Cleveland, Ohio. Ich schulde den Ärzten und Schwestern dieses Krankenhauses Dank und ebenso den Kindern und Eltern, mit denen ich in Berührung kam und die meine Beobachtungen möglich machten. Diese Aufzeichnungen, so wie sie hier vorgelegt werden, stellen zwanglose Versuche dar, die alltäglichen Erlebnisse von Kindern im Krankenhaus zu illustrieren, ihre Reaktionen auf langdauernde Krankheiten, auf ärztliche Behandlung und Operationen, auf Beschwerden und Entbehrung, und ebenso ihre Anpassung an die Trennung von zu Hause und an neue, ungewohnte Erlebnisse. Zum Verständnis der Einstellung und des Verhaltens der Kinder stützte ich mich auf die psychoanalytische Theorie der kindlichen Entwicklung, für die Tätigkeiten dieser Art ein neues und vielversprechendes Anwendungsfeld erschließen.

Obwohl ich von der Krankenhausleitung als Kindertherapeutin angestellt war, ist dieser Titel doch irreführend. Weder die Umstände noch die Art meiner Aufgabe lassen sich in diese Kategorie einreihen. Der Begriff Kindertherapie umfaßt bekanntlich die verschiedenen Methoden, die bei der Behandlung seelischer Störungen in der Kindheit angewandt werden, handle es sich um Abweichungen von der Norm in Wachstum und Entwicklung, Anpassungsstörungen oder -sperren, pathologische Charakterbildung oder Symptomatologie. Das Ziel der Kindertherapie ist die Wiederherstellung der normalen Entwicklung, ihre Dauer wird bestimmt durch Art oder Schwere der Erkrankung. Es ist offensichtlich, daß keine dieser Definitionen auf die Interaktionen mit den jungen Patienten paßt; sie stellen eher eine Art erster Hilfeleistung in Notlagen, die durch traumatische Situationen entstehen, dar.

Es gab viele Kinder, deren Verhalten von Angst beherrscht war und für die eine von Verständnis geleitete Ermutigung und Führung sich als das richtige Mittel erwiesen, um die Anpassung zu erleichtern. Es gab andere, bei denen Krankheit, Krankenhausdasein und erzwungene Bewegungslosigkeit ihre latenten Konflikte so sehr aktiviert und verschärft hatten, daß diese den Erfolg der Behandlung gefährdeten und den Weg zur Gesundung verstellten; bei diesen Kindern wurde die Erleichterung der unmittelbaren Schwierigkeiten zum zwingenden Gebot. In beiden Fällen dienten als Informationsquellen die Beobachtung des Verhaltens unseres kindlichen Patienten, die Anhörung seiner Klagen und vor allem die Herstellung eines persönlichen Kontaktes mit ihm. Bei der Herstellung dieses persönlichen Kontaktes war es ein Vorteil, daß ich in meiner speziellen Rolle mit jenen physischen Manipulationen und den Forderungen und Beschränkungen, die dem Kind aufgrund der spezifischen Natur seiner Krankheit auferlegt werden mußten, nichts zu tun hatte.

Ich stellte fest, daß ein »Krankenhaustherapeut« außer der Hilfe, die er den Kindern leistet, auch in der Lage ist, Eltern, Ärzte und Krankenschwestern in ihrer jeweiligen Rolle zu unterstützen.

Die Eltern, vor allem die Mütter, sorgten sich natürlich in erster Linie um den physischen Zustand ihrer Kinder, der sie in Alarm versetzt hatte und über den sie Auskunft, Erklärungen und zuweilen auch Beruhigung verlangten. War jedoch die Gefahr überwunden oder die Angst nicht mehr so groß, so war vielen von ihnen auch die Gelegenheit willkommen, andere ihre Kinder betreffenden Dinge zu klären, das heißt Dinge, die mit der physischen Krankheit nichts zu tun, aber Anlaß zu Beunruhigung gegeben hatten. So wurden die Kenntnisse, die ich über das einzelne Kind gewonnen hatte, während ich es auf seinem Weg von der physischen Behandlung und Konvaleszenz bis zur Genesung begleitete, für den Vater oder die Mutter nützlich für ihr Verständnis der Entwicklungsprobleme, Verstimmungen, Konflikte und Schwierigkeiten in der Eltern-Kind-Beziehung. Wo die Krankenhauserfahrung tiefsitzende Abnormitäten des Kindes enthüllte, war es gelegentlich möglich, eine spätere Therapie nahezulegen, das heißt, die Eltern wie auch den Patienten selbst auf den Gedanken einer späteren Kinderanalyse vorzubereiten.

Ferner konnten die von mir gesammelten Informationen über das Kind an jene Ärzte weitergegeben werden, die die emotionellen Reaktionen des Patienten und deren Auswirkung auf sein Ansprechen auf die Therapie und die Wiederherstellung erkannten. Da die Rolle des Arztes oder Chirurgen naturgemäß häufig ein vertrautes Verhältnis mit dem Patienten ausschließt, spielt der Therapeut als Bindeglied in der Arzt-Patient-Beziehung eine wichtige Rolle.

Nicht weniger lohnend war die Weitergabe von Informationen an das Pflegepersonal, dessen Aufgabe, die ärztlichen Gebote beim Kind durchzusetzen, leichter wurde, wenn das widerstrebende Verhalten der Patienten, ihre fehlende Kooperation, ihre Abhängigkeiten, ihre unaufhörlichen Wünsche erklärt und verstanden werden konnten als Resultat typischer Entwicklungseinstellungen und -konflikte, als manifeste Widerspiegelungen latenter Komplexe, als Resultate früherer Erlebnisse usw. Während das, was ich selber zu bieten hatte, oft von den Krankenschwestern bei der Behandlung der Patienten mit Nutzen verwertet werden konnte, haben umgekehrt die Beobachtungen des Pflegepersonals häufig wichtige und wertvolle Beiträge für meine eigene Arbeit geliefert.

Für die Krankenhaustherapeutin ist es wichtig, daß sie sich der Grenzen bewußt bleibt, die ihren Bemühungen allein von den Arbeitsbedingungen gesetzt werden. In erster Linie ist da die Tatsache, daß der Kontakt abbricht, sobald das gesetzte Ziel der physischen Besserung erreicht ist und der Patient das Krankenhaus verläßt, wie immer es um seine emotionalen Bedürfnisse in diesem Augenblick auch bestellt sein mag. Was ich nicht vergessen durfte, war die Tatsache, daß *psychotherapeutische erste Hilfe* im Krankenhaus nur ein Zusatz zum gesamten Krankenhauserlebnis ist und nicht ein Ziel oder eine Methode, selbständig und aus eigenem Recht.

Cleveland, Ohio, im April 1965 — Thesi Bergmann

I. TEIL

Das Krankenhaus

1. Der Schauplatz: das Rainbow-Krankenhaus

Das Rainbow-Krankenhaus liegt in South Euclid, einem Vorort von Cleveland, inmitten von Rasenflächen, Büschen und Wald, die eine ländliche Atmosphäre schaffen: für Kinder, die aus städtischen Krankenhäusern kommen, eine willkommene Abwechslung. Solange die Patienten noch im Bett bleiben müssen, fangen sie schon an, sich auszumalen, wie sie im Freien spielen werden; ist es dann wirklich soweit, begreifen sie das als einen wichtigen Schritt auf dem Weg zu ihrer Genesung.

Das Krankenhaus kann ungefähr fünfzig Patienten aufnehmen – Kleinkinder und Kinder bis zum Alter von sechzehn Jahren. Die meisten von ihnen sind in Behandlung oder in der Rekonvaleszenz nach korrektiven chirurgischen Eingriffen aufgrund von Krankheiten wie Kinderlähmung, Guillain-Barré-Syndrom, angeborene Mißbildungen, Tuberkulose der Knochen und Gelenke, Legg-Perthes-Krankheit, Muskeldystrophie, Arthritis deformans und verschiedene Arten von Herzleiden.

Während meiner Arbeit im Rainbow-Krankenhaus kamen die meisten Kinder nicht direkt von daheim, sondern von der Universitäts-Kinderklinik oder von anderen angeschlossenen Kliniken, wo diagnostische Untersuchungen durchgeführt, Operationen vorgenommen worden waren und wo man die akuteste Phase der Krankheit behandelt hatte. Die Überweisung fand dann statt, wenn die Kinder in der Lage waren, an einer aktiveren Behandlungsform teilzunehmen, und wenn – außer bei arthritischen Zuständen und bei Asthma – keine akuten Schmerzen mehr vorhanden waren. Die Patienten wurden je nach Alter auf fünf Stationen verteilt: Säuglingsstation (beide Geschlechter), Station für kleinere Knaben, Station für ältere Knaben, Station für kleinere Mäd-

chen, Station für ältere Mädchen. (Obwohl auch die älteren Knaben und Mädchen bei den Freizeitbeschäftigungen zusammenkamen, schien die Trennung nach Geschlechtern während der übrigen Zeit besser zu sein.)
Orthopädische Patienten waren während langdauernder Anfangsphasen der Behandlung in Gipsverbänden ans Bett gefesselt; in einer zweiten Phase erfolgte dann die Wiederherstellung der Funktionen durch Gymnastik und Übungen im Schwimmbecken. Bei Kindern, die eine akute Herzkrankheit hinter sich hatten, war der Ablauf ähnlich, auf völlige Bettruhe folgte eine allmähliche Rückkehr zu normaler Betätigung. Während der gesamten Rekonvaleszenzzeit blieben sie unter der Obhut des gleichen Arztes, der sie auch in der akuten Phase betreut hatte. Wenn ein erneuter chirurgischer Eingriff notwendig wurde, kehrten die Patienten in das Krankenhaus zurück, das sie überwiesen hatte, ebenso die Patienten, die nach der Entlassung aus dem Rainbow-Krankenhaus einen Rückfall erlitten. Wenn notwendig, wurden sie dann erneut in Rainbow aufgenommen, wobei die Wiederaufnahme manchmal nach einer Zwischenzeit von mehreren Jahren stattfand.

2. Rainbow als Langzeitkrankenhaus

Obwohl einige Kinder nur wenige Wochen dablieben (zur Beendigung ihrer Rekonvaleszenz oder in Erwartung der abschließenden Beurteilung bezüglich weiterer Rehabilitationsmaßnahmen), blieben doch die meisten monatelang (im Gips nach korrektiven chirurgischen Eingriffen) oder sogar jahrelang (Legg-Perthes-Krankheit, Tuberkulose). Infolgedessen mußte Rainbow die Funktionen eines Langzeitkrankenhauses übernehmen, das heißt, nicht nur für die physische Wiederherstellung, sondern auch für das psychische Wachstum und die Erziehung der Patienten Vorsorge treffen, wobei die letzteren Aufgaben zwar subsidiär, aber nicht weniger wichtig als die ersteren waren.
Da üblicherweise die Unterrichtsbedürfnisse eines Kindes im Vordergrund der Aufmerksamkeit stehen, hatte die örtliche Unterrichtsbehörde an der Einrichtung und Überwachung des Schulunterrichts im Krankenhaus mitgewirkt, der vom Kindergarten bis hinauf zur Junior Highschool abgestuft war. Zwei Stunden täglichen Unterrichts in kleinen Gruppen, mit ausgeprägt individueller Betreuung, machten es den meisten Kindern möglich, mit ihren Altersgenossen Schritt zu halten.

Als weniger leicht und als ein durchaus revolutionäres Unterfangen erwies es sich, auch für das emotionelle Wachstum und die Persönlichkeitsbildung Vorsorge zu treffen; das eine wie das andere bleibt während der Krankheit nicht stehen, aber die Krankenhausumgebung kann dafür, selbst im günstigsten Falle, keine normalen oder völlig geeigneten Bedingungen bieten. Im Vergleich zum Leben in der Familie ist das Krankenhausleben künstlich und zu sehr beschützt. Der kranke Körper und seine Bedürfnisse haben notwendigerweise Vorrang vor den geistigen Bedürfnissen; ärztliche Vorschrift und Routineablauf der Pflege nehmen in ihrer Bedeutung den Platz ein, den für gewöhnlich Konvention und Moral innehaben. Die Autorität der Ärzte und Krankenschwestern tritt an die Stelle der elterlichen Autorität. Das Gruppenleben ersetzt die Intimität der Mutter-Kind-Beziehung oder der Familienbeziehung, wobei das Gemeinschaftsleben für manche ältere Altersgruppen durchaus annehmbar, für die jüngeren jedoch völlig ungeeignet ist. Die Identifizierungen sind mehr Identifizierungen mit den Rollen und Tätigkeiten der Ärzte und Schwestern als mit deren persönlichen Eigenschaften. Kurz, die Kinder durchlaufen zwar die gleichen Phasen der Trieb- und Gefühlsentwicklung, die sie auch daheim durchlaufen würden, aber das Wachstum erscheint in zweierlei Richtung verzerrt: einmal durch das bloße Faktum der physischen Invalidität, zum andern durch die unvermeidlichen Umweltveränderungen.

Unter solchen Umständen bedurfte es der Anstrengungen des gesamten Krankenhauspersonals, einen Zustand der Normalität herzustellen und aufrechtzuerhalten. In Rainbow bemühten sich Ärzte, Schwestern und Therapeutin mit vereinten Kräften, aus einer Anstalt so etwas wie ein Zuhause zu machen und Programme und Bedingungen zu schaffen, die – wenigstens annähernd – den natürlichen Bedürfnissen der kindlichen Entwicklung entsprachen. Daß die Atmosphäre in Rainbow friedlich und ohne Hast ist, verglichen mit der der meisten großen allgemeinen Krankenhäuser, war wohl in dieser Hinsicht ein wesentlicher Vorteil.

3. Besuchsvorschriften

Die psychoanalytische Kinderpsychologie läßt keinen Zweifel darüber, daß Kinder emotionell von ihren Eltern abhängig sind und daß diese Abhängigkeit für die normale Entwicklung notwendig ist; ferner, daß die Beziehungen in einem Krankenhaus auch im besten Fall nur ein unzulänglicher Ersatz für Familienbeziehungen sein können. Akzeptiert man diese Fakten, so ist die Lockerung der Besuchsvorschriften eine unausweichliche Konsequenz.

In Rainbow wurde den Eltern jede Gelegenheit gegeben, ihre Kinder, wann immer sie es wollten, zu besuchen, und sie ebenso in Zeiten der Belastung wie in Zeiten, in denen sie es leicht hatten, zu beobachten: während der physikalischen Therapie, im Schwimmbecken, bei der Gymnastik, beim Schulunterricht, beim Spiel usw. Es wurde darauf geachtet, daß Eltern und Kinder so interagieren konnten, wie sie es daheim tun, so daß beispielsweise gelegentlich ein Kind lieber mit anderen spielte, während die Mutter andere Mütter oder die Krankenschwester besuchte. Die kleinen Kinder waren besonders darauf erpicht, daß die Mutter sie zu Bett brachte und einkuschelte, während die älteren Kinder lieber so lange wie möglich mit ihren Besuchern aufblieben. Wenn es keine epidemischen Krankheiten in der Gemeinschaft gab, kamen die Geschwister am Sonntag zu Besuch, der häufig für die ganze Familie zum »Picknicktag« auf dem Gelände des Krankenhauses wurde.

Die Familienbande wurden ferner dadurch aufrechterhalten, daß die Kinder zu Hause anriefen und daß alle – mit Ausnahme der Patienten im Körper-Gipsverband –, wenn ihre Rekonvaleszenz weit genug fortgeschritten war, gelegentlich zum Wochenende nach Hause gingen. Die letzteren Besuche lehrten das Kind, mit seinen Behinderungen auch unter den weniger beschützenden Bedingungen eines normalen Heims zurechtzukommen, mit Freunden und Nachbarn nach längerer Abwesenheit wieder Umgang zu pflegen, von ihnen im Rollstuhl oder an Krücken gehend gesehen zu werden usw. Die Eltern gewöhnten sich auf diese Weise daran, selbständig die Verantwortung für die Betreuung eines gebrechlichen oder behinderten Kindes zu übernehmen und ihre eigenen Ängste zu meistern.

Bindeglieder zwischen Krankenhaus und häuslichem Leben wurden ferner dadurch geschaffen, daß wir die Mütter während ihres Besuchs an der Beobachtung und Besprechung der vielen Idiosynkrasien der Kinder teilnehmen ließen, insbesondere der zahlreichen Abneigungen gegen bestimmte Speisen und sonstiger Eßschwierigkeiten, die bei vielen normalen Kindern vorkommen, beim kranken Kind jedoch besonders häufig und bedeutsam sind. Dadurch wurde den Müttern demonstriert, wie man Quengeleien und tränenreiche Szenen bei den Mahlzeiten vermeidet; wie man die Eßlust anregt, ohne irgendwie Zwang anzuwenden, indem man die Vorlieben und Abneigungen, die das Kind äußert, respektiert und ihnen entspricht, die Kinder selber wählen läßt, was sie essen wollen, ihnen ganz kleine Mengen vorsetzt usw. Wenngleich anfangs überrascht und zweifelnd, fanden es die Mütter gewöhnlich nicht allzu schwierig, auch daheim ähnliche Methoden zur Bewältigung von Eßproblemen anzuwenden.

Mit einer Reihe von Schwierigkeiten, vor allem auf dem Gebiet infantiler Eßstörungen, wurden die Krankenschwestern aufgrund ihrer Schulung besser fertig als die Mütter, aber es gab andere Probleme und schwierige Situationen, die der Schwesternstab nicht befriedigend lösen konnte, ohne auf die Hilfe der Mütter und deren eigenen und unmittelbaren Kontakt mit dem Kind zurückzugreifen, wie das folgende Beispiel zeigt:

Shirley, fünf Jahre alt, wurde mit Legg-Perthes-Krankheit in Rainbow aufgenommen; sie selber wußte nichts von ihrer Krankheit, da diese ihr weder Schmerzen noch sonstiges Unbehagen verursachte. Sie konnte deshalb nicht verstehen und rebellierte dagegen, daß ihr Bein in einer Zugvorrichtung bleiben mußte, sie damit nicht auftreten durfte usw. Sobald sie unbeobachtet war, stand sie aus dem Bett auf und erwiderte auf Vorwürfe immer wieder zornig: »Aber ich *kann* doch gehen – ich gehe doch schon, seit ich ein kleines Baby war.« Schließlich legten ihr die Schwestern in ihrer Verzweiflung eine kleine Zwangsjacke an, die mit Bändern am Bett festgemacht wurde, eine Maßnahme, die Shirley haßte und als Strafe empfand.

Die Situation verschlimmerte sich jedoch, weil die Mutter sie offensichtlich genauso auffaßte wie ihr Kind, es aus der Jacke befreite, die sie als eine Schande ansah, und drohte, nicht mehr zu Besuch zu kommen, wenn die Jacke nicht entfernt würde und das Kind »lieb« wäre, das heißt, ruhig liegen bliebe, was Shirley wohl versprach, aber nicht halten konnte.

In dieser ausweglosen Situation zwischen Mutter, Kind und Krankenhaus war mein Eingreifen in dreierlei Richtung nötig. Während die Schwestern gebeten wurden, vorläufig gar nichts mehr zu unternehmen, machte ich Shirley klar, wie sehr sie wünschte, daß ihre Mutter sie gegen die bösen Leute in der Klinik in Schutz nahm. Der Mutter auf der anderen Seite machte ich die Notwendigkeit klar, daß ihr Kind liegen bleiben mußte, wenn eine Heilung erreicht werden sollte, und überzeugte sie davon, daß das Kind sich nur fügen werde, wenn sie, die Mutter, selber diese Beschränkung bejahte. Sie gab zu, daß sie selbst sich durch das Auftauchen der Jacke gedemütigt und in Shirleys »Bestrafung« miteinbezogen gefühlt hatte, weil es ihr nicht gelungen war, das Kind zu größerer Fügsamkeit zu erziehen. Als ich der Mutter versicherte, daß das alles in keiner Weise ihr Fehler sei und daß Shirleys Auflehnung für eine temperamentvolle, selbständige Fünfjährige durchaus altersgemäß sei, wurde es ihr möglich, mit der Situation fertig zu werden; das heißt, sie selber legte dem Kind die Jacke wieder an und band sie fest, wobei sie ihr liebevoll erklärte, daß das keine Bestrafung sei, sondern eine Hilfe, um schneller gesund zu werden, wie sehr sie sich wünsche, daß Shirley gesund und stark werde, wie schwer es für sie sein müsse, im Bett zu bleiben usw. Fast wie durch ein Wunder fand Shirley mit der Akzeptierung der Lage durch ihre Mutter die Kraft, sich dem Notwendigen zu fügen.

4. Aufnahmeprozeduren und Reaktionen

In Übereinstimmung mit der allgemeinen Atmosphäre in Rainbow waren die Aufnahmeprozeduren ohne Förmlichkeit, und man ließ sich bewußt viel Zeit dabei. Anstatt den Kindern und Eltern Fragen zu stellen, führte man sie überall herum und zeigte ihnen die neue Situation unter konkreten und möglichst günstigen Aspekten. Während die Abteilung für physikalische Therapie und das Badebecken die Neugier aller Kinder erweckten, beruhigten, besonders die älteren, der vertraute Anblick eines Klassenzimmers und die Mitteilung, es gebe jede Woche Filmvorführungen, Zusammenkünfte der »Heinzelmännchen«, »Wölflinge« und Pfadfinder*, häufige Besuche usw. Diese »Besichtigung« des Krankenhauses diente nicht nur der Beruhigung des Neuankömmlings, sondern lieferte dem Klinikstab auch Informationen über seine Gewohnheiten, Vorlieben und Abneigungen, Hinweise darauf, mit welcher Gruppe oder welchem Nachbarn er am besten zusammenpaßte, ferner auf seine Einstellung zur eigenen Krankheit, auf die Unterstützung, die er brauchte usw.

Diese Art der Einführung, die in der Regel die Oberschwester besorgte,

* Die »Brownies«, »Cubs« und »Scouts« sind die jüngsten, mittleren und oberen Altersgruppen der Pfadfinder. [D. Übers.]

wurde von Kindern und Eltern gleichermaßen geschätzt, weil sie die Angst vor dem Abschiednehmen verringerte. Die Mütter sagten häufig: »Sie ist eine gute Schwester, sie redet mit einem« oder: »Sie muß selber Mutter sein, sie weiß, wie einem zumute ist.«

Trotz all der Vorsichtsmaßnahmen bei der Ankunft des Patienten durften wir nicht vergessen, daß wir nicht das erste Krankenhaus waren, mit dem das Kind in Berührung gekommen war, und daß frühere Krankenhausaufnahmen sich unter sehr anderen Umständen abgespielt hatten. Viele von unseren Kindern waren das erste Mal in einer Notsituation in aller Eile ins Krankenhaus geschafft worden, als sie sehr krank waren und starke Schmerzen hatten. Sie hatten die Bestürzung ihrer Eltern gespürt, hatten deren Angst und Aufregung beobachtet, die gehetzte Eile, mit der die Überführung in die Klinik vorbereitet wurde; das alles war zu ihrer eigenen Verwirrung und dem Schrecken der Trennung noch hinzugekommen. Wo keine Eile erzwingende Notlage vorgelegen hatte, waren für die älteren Kinder voraufgegangene Erklärungen und ihr eigenes Verständnis der notwendigen Prozeduren ein gewisser Trost gewesen; aber selbst für diese Kinder entsprachen die ungewohnten Anblicke, Laute und Erlebnisse, mit denen sie konfrontiert wurden, selten dem, was sie erwartet hatten. Die jüngeren Kinder verrieten alle Zeichen dessen, der hilflos überwältigenden Ängsten ausgesetzt war, die noch durch das fremde Bett, fremde Nahrung und fremde Gesichter verstärkt wurden.

Kinder reagieren nicht mit zunehmender Vertrautheit, wenn sie einer nochmaligen Operation ausgesetzt sind oder in ein zweites Krankenhaus verlegt werden. Im Gegenteil: durch ihr Anfangserlebnis überempfindlich geworden, erwarten sie sehr häufig jede weitere Operation mit verstärkter Angst oder betreten jedes weitere Krankenhaus mit noch größerem Widerwillen. Auch wenn vielleicht diesmal die Krankheit weniger akut ist, werden doch die zu dem früheren Anlaß gehörenden Befürchtungen und Ängste wiedererweckt. Außerdem wird der veränderte Routineablauf als störend erlebt, die vertrauten Gestalten von Ärzten, Schwestern und Mitpatienten werden vermißt, und die Hoffnungen auf eine baldige Rückkehr nach Hause zerbrechen. Die neue Krankenhaus-Umwelt mag noch so angenehm sein, für den Patienten scheint sie vor allem eine lange Gefangenschaft anzukündigen.

Indem wir die Einstellung der Kinder in dieser Hinsicht verstehen lernten, lernten wir in Rainbow auch, wie man bei den Neuankommenden den verschiedenen Verhaltenstypen am besten gegenübertritt und auf sie reagiert. Manche Kinder drückten Angst und Groll offen aus, weinten, schrien, wehrten sich gegen Behandlung und Trost. Sie beobachteten ihre Mitpatienten wie terrorisiert und erwarteten, daß alle schmerzhaften Prozeduren, die sie sahen, auch bei ihnen angewandt würden. Das führte zu Schwierigkeiten im Krankensaal, wo sie die anderen Patienten aufregten. Wir erkannten, daß es hier notwendig war, für Einzelunterbringung zu sorgen; dort konnte man abwarten, bis sich in der tröstenden Gegenwart der Mutter, der Schwester oder der Therapeutin die Verwirrung von selbst legte. Überraschenderweise wurden gerade diese Kinder im Lauf der Zeit dann zu den Patienten, die die ärztliche Betreuung und die ihnen auferlegten Beschränkungen am willigsten akzeptierten, als ob die ungehemmte Abfuhr von Angst, Verzweiflung und Wut sie befreit und in den Stand gesetzt hätte, die Situation mit positiveren Mitteln zu bewältigen.

Einen auffallenden Gegensatz zu diesen Anfangsreaktionen extremer Bestürzung lieferten die sogenannten »perfekten« Patienten. Das waren Kinder, die sich dem Erlebten mit Gelassenheit zu unterwerfen schienen; sie legten ein munteres, verständnisvolles und kooperatives Verhalten an den Tag; sie waren von dem Wunsch beherrscht, gesund zu werden, und mobilisierten unter dem Antrieb dieses Wunsches alle notwendigen Reserven. Erst später entdeckten wir dann, daß diese Kinder es nicht wagten, sich den durch die Situation hervorgerufenen überwältigenden Gefühlen zu stellen, und alle verfügbare Energie aufwandten, sich gegen Gefahr, Ängste und furchteinflößende Phantasien zu wehren. Diese Abwehr brach dann allerdings prompt zusammen, sobald die unmittelbare Gefahr beseitigt war, und der verleugnete emotionale Inhalt kehrte mit um so größerer Heftigkeit zurück und bewirkte eine Hilflosigkeit des Patienten.

Vorwiegend bei diesem letzteren Kindertyp ließen sich verschiedene quasi-pathologische Reaktionen beobachten, wie zum Beispiel Regression zu infantilen Verhaltensmodi, Bettnässen und Bettbeschmutzen, Eß- oder Schlafschwierigkeiten, Lernhemmungen. Die Einschränkung der Motilität, die ein Teil vieler Behandlungsformen war, erlaubte kein aktives Abreagieren aufgestauter Emotionen und Aggressionen und zwang das Kind dazu, sich auf Wutanfälle und Schimpfen zu verlegen.

Wir lernten ferner die depressiven Kinder als besonders gefährdet fürchten, Kinder, die sich verlassen fühlten und, anstatt sich aufzulehnen, sich resigniert in ihr Schicksal ergaben. Für den Routineablauf im Krankenhaus brachten sie keine Schwierigkeiten, denn sie waren still, folgsam und unterwürfig; ihre Nöte wurden oft übersehen. Ihre spezifische Reaktion war die des emotionalen Rückzugs; das heißt, sie lockerten ihre Bindungen zu ihren legitimen Liebesobjekten und konzentrierten ihre Gefühle auf ihr eigenes Selbst oder auf ihren Körper oder ihre Phantasien. Die schädliche Wirkung dieses Sichzurückziehens blieb vielleicht manchmal verborgen, solange sie im Krankenhaus waren, trat aber zutage, wenn sie wieder daheim waren; dann zeigten sich bei diesen Kindern Nachwirkungen in ihren Beziehungen, die manchmal ein erschreckendes Ausmaß hatten und sehr lange anhielten.

Wie in anderen Langzeitkrankenhäusern hatten wir auch in Rainbow Gelegenheit zu beobachten, wie die Kinder mit ihrer anfänglichen psychischen Bedrängnis ringen, sie schließlich überwinden und sich in der Krankenhausatmosphäre einrichten, trotz dem anfänglichen Aufruhr, der durch Krankheit, Angst, Trennung von daheim und Anpassung an fremde Menschen hervorgerufen wird. Es spricht für die Vielseitigkeit und Anpassungsfähigkeit des normalen Kindes, daß es selbst sehr aufrührende und bestürzende Erlebnisse überwinden kann, wenn es in hinreichendem Maße Unterstützung, Verständnis und Trost von seiner Umgebung erhält.

5. Beziehungen zum Pflegepersonal

Vom Einschulalter an aufwärts gewöhnen sich die Kinder allmählich an wiederholte vorübergehende Abwesenheit von zu Hause, zumindest am Tage. Sie lernen auch zwischen der Rolle der Mutter und der des Vaters unterscheiden und werden sich in zunehmendem Maße der speziellen Funktionen bewußt, die die verschiedenen Erwachsenen für sie erfüllen können. Normalerweise erwartet ein Kind nicht das gleiche von Vater und Mutter, erwartet nicht vom Lehrer, was die Eltern für es tun, und umgekehrt. Dadurch wird das Kind darauf vorbereitet, zumindest soweit es das Verstehen angeht, zu akzeptieren, daß die Krankenschwester sich mit körperlichen Beschwerden auskennt und in der Lage ist, in Situationen physischen Leidens Erleichterung zu verschaffen, die die Fähigkeit der Eltern zu helfen überfordern. Sobald die Kinder das größere fachliche Können der Schwester erkannt und ihre

Fähigkeit erlebt hatten, ihnen physisches Wohlbefinden zu verschaffen, soweit es die Umstände irgend zuließen, stellte sich nach unserer Erfahrung bei den älteren Kindern die Bereitschaft ein, die Schwester als die maßgebliche Erwachsenenperson zu akzeptieren, die für die Durchführung der ärztlichen Anordnungen verantwortlich war, deren Weisungen in Angelegenheiten der physischen Betreuung man befolgen mußte. Dieser Punkt wurde um so schneller erreicht, je offenkundiger die Eltern den pflegerischen Vorkehrungen, die für ihr Kind getroffen wurden, vertrauten. Wo dieses Vertrauen fehlte und Loyalitätskonflikte eintraten, verhielten sich die Patienten in der Regel widerspenstiger, unfolgsamer usw.

In völligem Gegensatz zu diesen verhältnismäßig einfachen Situationen stellte die wirksame pflegerische Gesamtbetreuung der kleinsten Kinder eine fast übermenschliche Aufgabe dar. Ein Kleinkind, dessen Körper bisher ausschließlich von der Mutter betreut wurde, ist außerstande zu verstehen, warum sie diese Betreuung gerade dann aufgibt, wenn das Kind sie am nötigsten braucht, warum seine Not noch dadurch vergrößert wird, daß es in fremde Hände kommt. Man kann deshalb bei keinem Kind unter drei oder vier Jahren erwarten, daß es auf das Eingreifen einer Krankenschwester positiv reagiert und mit ihr kooperiert. Für die Schwester schafft das die anomale Situation, daß einerseits von ihr völlige Hingabe an einen hilflosen Patienten verlangt wird, während andererseits sie selber keinerlei Zuneigung oder auch nur die leiseste Dankbarkeit von einem kleinen Menschen erfährt, der sie mit Feindseligkeit betrachtet, ihre Gegenwart als Usurpation des Platzes seiner eigenen Mutter übelnimmt und ihre Bemühungen, ihm Mut zu machen und Trost zu spenden, durch Verharren in ununterbrochenem Trennungsschmerz ablehnt.

Die Schwestern fanden es hilfreich, wenn diese Schwierigkeiten offengelegt und mit ihnen besprochen wurden; sie begannen zu verstehen, daß die Schwierigkeiten nicht auf Unzulänglichkeiten oder Unfähigkeit der einzelnen Schwester zurückzuführen waren, sondern unvermeidliche Geschehnisse darstellten, die auf der schicksalhaften Beeinträchtigung des alles überragenden Bedürfnisses kleiner Kinder nach der Gegenwart der Mutter beruhten. Bei den schweren Erkrankungen, mit denen wir es zu tun hatten und bei denen die Situation von der Gefahr für das Leben des Kindes oder sein ganzes künftiges Leistungsvermögen überschattet war, empfanden es viele Mütter als Erleichterung, die Verantwortung abgeben zu können; das änderte nichts an der Tatsache, daß

ihre Kleinen nicht imstande waren, ebenso schnell ihre Ergebenheit, ihr Vertrauen, ihre Abhängigkeit und ihre Gefühlsbindungen zu übertragen.
Andererseits gab es auch Fälle, wie etwa der Ronnies, wo das Verständnis und die Fähigkeit der Schwester, angesichts der Hilflosigkeit der eigenen Mutter, für das Kind annehmbar waren und wo infolgedessen selbst die Pflege eines ganz kleinen Patienten von einem Gefühl der Erfüllung und des Erfolgs begleitet waren.

Ronnie war ein zweieinhalbjähriger Knabe, der mit akuter Kinderlähmung in höchster Eile ins Krankenhaus gebracht worden war. Obwohl man seiner Mutter erlaubt hatte, bei ihm zu bleiben, mußte sie ihn doch oft verlassen, um sich um ihren Haushalt und ihre anderen kleinen Kinder zu kümmern. Durch die Krankheit und die Trennung von daheim durcheinandergebracht, weigerte sich Ronnie, etwas zu essen, regredierte, was das Trinken aus der Tasse betraf, und nahm nur kleine Mengen Milch aus einer Flasche zu sich. Er war strikt und frühzeitig zur Reinlichkeit erzogen worden und drückte seine Not deshalb nicht, wie viele andere Kinder, durch Bettnässen und Bettbeschmutzen aus, sondern hatte überhaupt keine Entleerungen mehr. Da es keine physische Grundlage für diese beiden Reaktionen gab, nahmen wir an, daß sie eine Lösung seines Konfliktes darstellten, das heißt des Konfliktes zwischen einem mächtigen Drang, zur Beschmutzung zu regredieren, und der ebenso mächtigen Angst, seiner ordnungsliebenden Mutter zu mißfallen, die – nach seiner Vorstellung – ihre Unzufriedenheit mit ihm schon dadurch gezeigt hatte, daß sie ihn von zu Hause verbannte.
In dieser ausweglosen Lage nahm eine Schwester die Sache in die Hand. Ich riet ihr, nicht auf Reinlichkeit zu achten und dem Jungen zu erlauben, mit dem Essen derart herumzuschmieren, daß er nach jedem Versuch einer Mahlzeit vollkommen saubergemacht werden mußte. Die fröhliche und unbeschwerte Art, in der sie seine Schmierereien behandelte, verringerte offensichtlich seine Angst, naß zu machen, und machte es ihm nach einer Weile möglich, die Bettpfanne zu benutzen. Das gleiche Gewährenlassen legte die Schwester gegenüber anderen Regressionen zu infantilem Verhalten an den Tag, wie Sichanklammern, Sichpassiv-umsorgen-Lassen – Verhaltensweisen, die seine Mutter nachdrücklich mißbilligt hätte.
Unter diesen Bedingungen entwickelte Ronnie eine starke Anhänglichkeit an die Schwester und verweigerte jede Hilfe von seiner Mutter,

bei der er sofort zu weinen anfing, wenn sie ihn anrührte. Das führte dazu, daß nun diese litt und Ermutigung brauchte. Ich erklärte ihr, daß in der gegenwärtigen Lage ihr Abscheu vor schlechten Eßmanieren unangebracht sei, daß zu diesem Zeitpunkt die Forderung nach sauberen Toiletten- und Tischgewohnheiten nur zur Funktionsverweigerung führen würde, daß das babyhafte Verhalten nicht von Dauer sein werde, daß die Anhänglichkeit an die Schwester nur ein Mittel zum Zweck der Wiedergewinnung der Gesundheit sei usw.

Tatsächlich lernte Ronnie während der Periode der Gesundung und unter der Leitung der Schwester es wieder, sich so zu verhalten, wie es der Erziehung durch die Mutter entsprach. Er war in der Lage, die Entwicklung an dem Punkt wiederaufzunehmen, wo die Krankheit sie zum Stillstand gebracht hatte. Er wandte sich wieder vertrauensvoll seiner Mutter zu, während die Krankenschwester plangemäß aus seinem Leben verschwand.

6. Beziehungen zum ärztlichen Personal

In Rainbow hatten die Schwestern und die Therapeutin den großen Vorteil, daß sie mit Ärzten zusammenarbeiteten, die sich nicht nur für ihr medizinisches Spezialgebiet interessierten, sondern auch für das allgemeine Wohlergehen der Kinder. Sie wußten Bescheid über die weitreichenden Wechselwirkungen zwischen Psyche und Körper, die Wichtigkeit der Beziehung der Mutter und des Kindes zu ihnen, ihre Auswirkung auf die Fähigkeit des Patienten, mit dem Schmerz fertig zu werden und sich Beschränkungen zu unterwerfen, und die zahllosen Arten und Weisen, auf die das physische Unwohlbefinden eines Kindes durch seine emotionale Position erleichtert oder verschlimmert werden kann. Sie waren sich gleichermaßen der Tatsache bewußt, daß, auch wenn sie sich mit noch so großer Sorgfalt und Rücksicht den Kindern näherten und mit ihnen umgingen, die Einstellung der Patienten zu ihnen ebenso stark dadurch bestimmt wurde, welche Erfahrungen sie mit Haus- oder Kinderärzten gesammelt hatten, bevor sie ins Krankenhaus kamen.

Die Kinder, mit denen wir in Rainbow zu tun hatten, brachten in dieser Hinsicht sehr unterschiedliche Vorgeschichten mit. Manche waren von Geburt an unter der Aufsicht eines Kinderarztes und einer Überwachungsklinik für Kleinkinder aufgewachsen, denen die Mutter vertraute, die sie respektierte und als wohlmeinende Autoritäten in gesunden und kranken Tagen akzeptierte – eine Einstellung, die auf das Krankenhaus übertragen wurde und in der Regel während der belastendsten und kritischsten Perioden der Erkrankung des Kindes beibehalten wurde. Für diese Kinder war der Arzt gewöhnlich ein Objekt der Bewunderung und der Identifizierung, manchmal eine verehrungswürdige Figur, die wegen ihres Wissens um den Körper und seine Funktionen respektiert und wegen ihres Besitzes begehrenswerter Instrumente beneidet wurde und der häufig Allmacht zugesprochen wurde, das heißt die magische Kraft, »Menschen gesund zu machen«.

Im Gegensatz dazu gab es auch Kinder, in deren Leben Besuche eines Arztes seltene Vorkommnisse gewesen und von Eltern und Kind als notwendiges Übel empfunden worden waren. In diesen Fällen hatten die Mütter gewöhnlich Angst davor, daß die ärztlichen Autoritäten sie wegen irgendeiner Nachlässigkeit oder wegen allgemein ungenügender Betreuung tadeln würden, die Kinder fühlten sich häufig schuldig, ihrem eigenen Körper Schaden zugefügt zu haben (durch Masturbation, durch andere wirkliche oder eingebildete Akte des Ungehorsams), und erwarteten, daß man das bei der Untersuchung herausfinden und sie dafür bestrafen würde. Auch diese Kinder nahmen ihre früheren Einstellungen in das Krankenhaus mit, zum Schaden ihrer Beziehungen zu den Ärzten, denen gegenüber sie lange Zeit hindurch distanziert oder feindselig, eingeschüchtert oder mißtrauisch blieben.

Andererseits wäre es falsch gewesen, wenn wir im Krankenhaus alle Einstellungen, die die Kinder ihren Ärzten gegenüber an den Tag legten, dahin gedeutet hätten, daß sie auf frühere Erlebnisse zurückzuführen seien oder auf die Identifizierung mit ihren Eltern oder auch auf das rationale Verständnis des Kindes von der Rolle des Arztes oder Chirurgen in der physischen Realität. Ein großer Teil ihres Verhaltens mußte verstanden werden als die unrealistischen Äußerungen altersspezifischer Emotionen, Triebkomponenten, Komplexe und Konflikte wie der Ausdruck von Verstümmelungs- und Amputationsängsten (der Chirurg, gesehen als der strafende Kastrator auf der Höhe des positiven Ödipuskomplexes des Knaben); als der Ausdruck masochistischer Neigungen (bei Mädchen mit starken passiven Komponenten oder Knaben in der negativen ödipalen Phase); als Aufruf zur Bewunderung (wegen heroischer Bewährung); wegen passiver Abhängigkeit vom Arzt (der den Körper des Kindes als Nachfolger oder Ersatz der Eltern »besitzt«) usw.

Daß schmerzhafte Erlebnisse mächtige masochistische Neigungen in Kindern wecken können, die dann passiv an den Urheber des Schmerzes, des Unbehagens und der Deprivierung gebunden sind, illustriert der Fall von DONNA, einem zehnjährigen Mädchen, das an Rückenmarkstuberkulose litt. Donna verehrte ihren Arzt, wie Bemerkungen wie die folgenden zeigen: »Es gibt nur eines, was mir hier gefällt – ich warte nur auf die Besuche meines Arztes – ich freue mich schrecklich darauf, daß er zu mir kommt.« Trotz allem Schweren, was er ihr im Lauf der Behandlung zufügen mußte, einschließlich mehrerer Operationen, konzentrierte sich all ihr Interesse auf ihn, und ihre mit seinen Entscheidungen verbundenen Ängste waren mit Lustgefühlen vermischt. Sie fürchtete ihn keineswegs, sondern äußerte nur tiefe und echte Dankbarkeit für »ihren Doktor«.[1]

GEORGE, ein achtjähriger Knabe, der an den Folgen der Guillain-Barré-Krankheit litt, sah gleichfalls den Besuchen seines Arztes stets erwartungsvoll entgegen, hatte jedoch andere Gründe für seine freudige Erwartung als Donna. Obwohl diese Besuche von kleineren, aber schmerzhaften Prozeduren begleitet waren, schien ihm das nichts auszumachen. »He! Wo bleibt er denn bloß? Heute ist doch Mittwoch. Warum ist er noch nicht da?« Offensichtlich war er bereit, ein gewisses Maß angstvoller Erwartung hinzunehmen, um seine Männlichkeit und seine Fähigkeit, etwas auszuhalten, vor einem Menschen zur Schau stellen zu können, für den er Bewunderung und Hochachtung empfand.

Manche Kinder genossen auch die besorgte Anteilnahme ihres Arztes auf die gleiche Weise, wie sie daheim die Besorgtheit ihrer Eltern genossen. Andere, die zu Hause vernachlässigt worden waren und zu wenig Liebe empfangen hatten, gerieten in eine fast euphorische Stimmung, wenn sie plötzlich erkannten, daß hier Menschen waren, die sich ihrem Wohlergehen widmeten, und beantworteten dieses Interesse ihrerseits mit Anhänglichkeit und Ergebenheit gegenüber den Ärzten.
Trotzdem wurden manche Kinder nach wiederholtem Krankenhausaufenthalt auch der schmerzlichen Tatsache gewahr, daß diese erfreulichen Kontakte nicht von Dauer sein könnten und daß es letzten Endes vielleicht weniger schmerzlich war, von Anfang an Beziehungen abzuwehren, als ihren Abbruch erleben zu müssen, nachdem sie gebildet waren.

[1] Für weitere Beobachtungen an diesem Fall vgl. Kapitel 8 und 11.

Ein Beispiel dieser negativistischen Einstellung lieferte Eve, ein zwölfjähriges Mädchen. Sie hatte schon viele Male das Wiederauftreten einer schweren Herzkrankheit durchgemacht. Während der Visite der Ärzte tat sie so, als ob sie ihre Anwesenheit nicht beachte und ganz in ihre Lektüre vertieft sei. Nachher ahmte sie dann ihre Unterhaltung nach. »Sagt der kleine Chef: ›Sie macht gute Fortschritte.‹ Sagt der große Chef: ›Ausgezeichnet, möchtest du gern ein bißchen länger aufbleiben?‹ Sagt der kleine Chef: ›Eine halbe Stunde?‹ Was wissen die denn? Eine halbe Stunde! Wen kümmert's schon? Ob ich das gern möchte? Ich werde in meinem Bett bleiben – jetzt gerade.«

Gewöhnlich trat bei den Arzt-Patient-Beziehungen ein tiefgehender Wandel mit dem Beginn der eigentlichen Rekonvaleszenz ein, wenn die medikamentöse und sonstige Behandlung weniger intensiv wurde, der Patient länger aufbleiben und mehr unternehmen durfte, Wochenendaufenthalte daheim in die Wege geleitet wurden und der Zeitpunkt der Entlassung näherrückte. In diesem Stadium besprachen die älteren Kinder gern ihren Krankheitszustand mit ihrem Arzt, zeigten Interesse an ihren Röntgenaufnahmen, an früheren und künftigen Fortschritten, weiteren Verhaltensmaßregeln usw. Sobald die Ängste abgeklungen waren, konnte die Situation realistisch eingeschätzt werden. Zu allen Zeiten aber konnte man sehen, wie Kinder gespannt den Ausdruck auf den Gesichtern ihrer Ärzte beobachteten und ihren Unterhaltungen lauschten, in der Hoffnung, einen Anhaltspunkt zur Beantwortung der nie endenden Fragen zu finden: »Bin ich gesund? Wann darf ich nach Hause?«

II. TEIL

Kinder als Patienten

7. Vorbereitung auf Operationen

Es ist noch nicht allzulange her, daß man Kinder aller Altersstufen in den Operationssaal brachte, ohne ihnen vorher zu sagen, was mit ihnen geschehen würde. Man hielt es damals für besser und schonender, nicht schon im voraus angstvolle Erwartungen zu wecken und auch nachher nicht mit ihnen über das Erlebte zu sprechen, das sie, wie man hoffte, bald wieder vergessen würden; es stellte sich jedoch im Gegenteil häufig heraus, daß das Erlebte traumatischen Charakter und dauerhafte Folgen hatte.

Neuerdings wird allgemein anerkannt, daß jedes Kind das Recht hat, auf eine bevorstehende Operation vorbereitet zu werden, wobei die Aufgabe, das zu tun, zu gleichen Teilen den Eltern, den Ärzten und dem Krankenhauspersonal zukommt. Derartige Vorbereitungen sind nicht leicht, selbst wenn es um kleinere Eingriffe geht, wie die Entfernung von Mandeln oder Polypen, Bruchoperationen usw. Zu einer außerordentlich heiklen Aufgabe werden sie unter den erschwerten Bedingungen, mit denen wir es dann zu tun haben, wenn das Ergebnis einer Operation nicht vorhersehbar ist, nichts mit Sicherheit vorausgesagt werden kann, außer akuten Schmerzen und langdauernden qualvollen Zuständen. Für den, der unter solchen Bedingungen arbeiten muß, ist es schwierig, Aufrichtigkeit mit der notwendigen Ermutigung zu vereinigen.

Jeder chirurgische Eingriff, der im voraus dem Erwachsenen oder dem Kind angekündigt wird, erweckt bei dem Patienten die legitime und bewußte Erwartung von Schmerz, Unbehagen, Verlust und oft Verstümmelung. Damit fertig zu werden, ist für jeden schwierig, aber vielleicht bleibt es den Kindern mit ihrer beschränkten Kenntnis der Realitäten erspart, die Lage genau abzuschätzen. Andererseits werden sie leichter von Ereignissen überwältigt, da sie sich mit Frustrierung weniger leicht abfinden und in geringerem Maße dafür ausgestattet sind, mit einem Unglück fertig zu werden, und da ihr Gefühlsgleichgewicht alles andere als stabil ist und durch jede Zunahme an Angst ins Wanken gerät.

Gerade in dieser Hinsicht hat es das Kind besonders schwer. In seinem Geist, in dem die Grenzen zwischen Bewußtem und Unbewußtem, Wirklichkeit und Einbildung, Vernunft und Affekt noch nicht so eindeutig festgelegt sind wie im späteren Leben, vermischen sich archaische Furcht und primitive Ängste aus allen Entwicklungsstufen nur allzuleicht mit den realen Gefahren und verdunkeln den Sachverhalt; dann verwechselt der kindliche Patient einen korrektiven chirurgischen Eingriff mit Strafe, Operation mit Kastration und therapeutische Prozeduren und Maßnahmen mit Angriffshandlungen. Für einen normalen Erwachsenen mag es verhältnismäßig leicht sein, chirurgischen Eingriffen gegenüber tapfer zu sein, das heißt, sich äußeren Bedrohungen gegenüber realistisch und sachbezogen zu verhalten. Die gleiche Einstellung kann für das Kind ganz unmöglich sein, für das diese Bedrohungen sich mit den vielen phantastischen Gefahren verbinden, die im Unbewußten hausen, wo die Vernunft keine Macht hat und statt dessen urtümliche Reaktionen wie Schrecken, Panik und Angstausbrüche das Regiment führen.

Im Idealfall müßte zur richtigen Vorbereitung auf eine Operation der dafür verantwortliche Erwachsene über eine Fülle von Informationen über das betreffende Kind verfügen. Er sollte von äußeren Ereignissen wissen, zum Beispiel von der Operation eines Verwandten oder eines Freundes, mit dem sich das Kind vielleicht identifiziert; er sollte das positive oder negative Ergebnis dieser Operation kennen, das möglicherweise seine Erwartungen beeinflußt; er sollte wissen, welche Informationen über den Körper und seine Funktionen das Kind bisher erhalten hat; er sollte über eine etwaige frühere Operation des Kindes orientiert sein und darüber, welche Erklärungen und Unterstützung das Kind damals erhalten hat. Er sollte ferner innere Fakten kennen, wie zum Beispiel die gewöhnlichen Hilfsmittel und Abwehrmechanismen des Kindes, wenn es mit einer Gefahr konfrontiert wird; seinen Entwicklungsstand hinsichtlich der Trieb- und Persönlichkeitsbildung, seine dominanten Ängste und Phantasien. Nur wenn die äußere und die innere Wirklichkeit eines Kindes zusammen und in ihrer wechselseitigen Interaktion gesehen werden können, besteht eine Chance, annähernd richtig vorauszusagen, wie das Kind Geschehnisse wie Anästhesie, Schmerz, physischen Schaden und erzwungene Bewegungslosigkeit in Gefühlserlebnisse übertragen wird.[1]

Es gibt nicht viele Mittel, mit deren Hilfe Eltern, Ärzte oder Pflegepersonal die Gefühlsverwirrungen bekämpfen können, die durch diese Vermengung von realen und imaginären Gefahren hervorgerufen werden. Auf der einen Seite kann eine Klärung der Wirklichkeit erreicht werden, wenn man dem Kind im Rahmen seiner Verständnisgrenzen ein möglichst vollständiges und ungeschminktes Bild der bevorstehenden Ereignisse gibt; das hilft ihm, seinen eigenen Verstand, seine Einsicht und seinen Wirklichkeitssinn einzusetzen. Auf der anderen Seite kann das Kind in eine Gemütsverfassung gebracht werden, in der es angsterregende Phantasien – gleich welchen Ursprungs und welcher Art – nicht verleugnet, sondern ihnen nähertritt, ihnen ins Gesicht blickt und sie verbalisiert. Selbst wenn keine bewußte Deutung erfolgt, wirkt das beruhigend, vermindert die Vermengung und Fehldeutung von Fakten und setzt das Vermögen, unbewußte Elemente zu verzerren, herab. Wenn Kinder auf diese Weise geleitet und unterstützt werden, sind sie besser in der Lage, ihre Ängste unter Kontrolle zu halten und Auflehnung oder passives Hinnehmen in aktive Kooperation umzuwandeln.

Was die für eine solche vorbereitende Arbeit mit dem Kind notwendige Zeit betrifft, so ist inzwischen allgemein bekannt, daß die einzelnen Kinder sich in dieser Hinsicht sehr stark unterscheiden. Bei einigen Kindern ist ein langsames Vorgehen notwendig, sie müssen in winzig kleinen Schritten ganz allmählich auf den Gedanken der Operation zugeführt werden, wobei der gewährte Zeitraum dazu benutzt wird, ihre eigenen Hilfskräfte zu stärken. Andere Kinder wieder werden von Ängsten völlig überschwemmt, wenn man sie auf die gleiche Weise behandelt; bei ihnen muß die Vorbereitungszeit kurz bemessen werden, um die Entwicklung eines unglücklichen und schädlichen Gemütszustandes zu vermeiden.

[1] S. Anna Freud, *Normality and Pathology in Childhood*, International Universities Press, New York 1965; deutsche Ausgabe: *Wege und Irrwege in der Kinderentwicklung*, Ernst Klett Verlag, Stuttgart 1968.

Vorbereitung und Alter des Kindes

Die geschilderte Vorbereitung ist nur bei älteren Kindern möglich, das heißt bei den Altersgruppen, wo die verbale Kommunikation hergestellt ist und der Verstand sich bereits entwickelt. Es gibt keine Parallelmethode, die auf den präverbalen Stufen angewandt werden könnte.

Eine geeignete Form der Unterstützung im Falle der Kleinkinder ist die Anleitung der Mutter; das heißt, daß man mit der gleichen Kombination von Tatsachenerklärung, Berichtigung von Mißverständnissen, Aufklärung von Phantasien, Aufrichtigkeit und Ermutigung auf sie einwirkt. Das hilft ihr, ihrerseits das Kind zu unterstützen; wenn eine solche Unterstützung niemals nachläßt (und die Mutter verfügbar ist), kann sie bemerkenswert erfolgreich sein, ein Kleinkind mehr oder weniger unversehrt durch die operative und die nachoperative Phase zu geleiten.

Die am meisten gefährdete Altersgruppe andererseits sind die »toddlers«*, Kinder von ungefähr einem Jahr bis zweieinhalb oder drei Jahren, die in jeder Hinsicht die Nachteile beider Welten haben. Sie werden nicht mehr von ihren Müttern gänzlich behütet und vor der Erfahrung geschützt, sind aber noch zu jung, um mit dem eigenen Verstand zu erfassen, was mit ihnen geschieht; sie können weder Gefühle verbal ausdrücken noch Erklärungen begreifen, und sie können Schwierigkeiten nicht akzeptieren oder mit ihnen fertig werden, es sei denn durch Panik oder massive Regression. Mit Versuchen, sie durch antizipatorisches Spielen auf die Operation vorzubereiten, erreicht man sehr wenig; die dadurch erweckten Erwartungen, gleich welcher Art, stimmen nie mit den späteren Realitäten überein. Trotzdem wäre es falsch, daraus den Schluß zu ziehen, daß man bei diesen Kindern die Bemühung um Vorbereitung aufgeben sollte. Im Gegenteil: die Versuche, zu einer erfolgreicheren Vorbereitung zu kommen, sollten verdoppelt und Experimente in allen nur möglichen Richtungen unternommen werden. Da vor allem die postoperative Situation traumatischen Charakter annimmt (daß man sich in einem Streckverband findet oder bewegungslos in einem Gipsverband oder mit der Tatsache eines amputierten Gliedes konfrontiert ist usw.), ist es wesentlich, in dieser Periode die Hilfe zu verstärken und Mittel zu finden, um die Kinder in den Stand

* Eigentlich die »Watschelkinder«. [D. Übers.]

zu setzen, solche Ereignisse zu bewältigen und zu absorbieren. Die Kinder in dieser Altersgruppe sind es auch, die die Gegenwart der Mutter besonders dringlich brauchen, denn ihre Situation wird unerträglich, wenn Trennung, das heißt für sie Von-der-Mutter-im-Stich-gelassen-Werden, noch grundlos zu den anderen, unvermeidlichen Nöten hinzukommt.

Einige Beispiele der Vorbereitung

Es liegt auf der Hand, daß es in der täglichen Wirklichkeit der Krankenhausarbeit sehr häufig unmöglich ist, »ideale« Bedingungen zu gewährleisten, das heißt, genügend viel über die einzelnen Kinder, ihre Vergangenheit, ihre Persönlichkeit, ihre vorherrschenden Phantasien zu wissen oder hinreichend viel Zeit für ihre Vorbereitung zu haben. In manchen Fällen entschied der Chirurg plötzlich und ganz unerwartet, daß schleunigst eine Operation vorgenommen werden müsse. In anderen Fällen wurde in dem Krankenhaus, in dem die Operation durchgeführt werden sollte, plötzlich ein Bett frei. Aber auch in diesen Fällen mußte man sich mit den wichtigsten Aspekten der Situation befassen, auch wenn man etwas anders vorgehen mußte, als man es zunächst für angezeigt gehalten hatte.
Im folgenden werden einige wirkliche Fälle dargestellt, die in unserem Krankenhaus vorkamen. Die Art und Weise, in der sie behandelt wurden, dient vielleicht dazu, den einen oder anderen Aspekt der erwähnten Probleme zu illustrieren.

Eine erfolgreiche Vorbereitung

Ein Beispiel für erfolgreiche Vorbereitung auf eine Operation ist LINDA, ein doppelseitig gelähmtes, spastisches Kind. Sie erfuhr, achtjährig, was ihr bevorstand, und schien zu begreifen, daß die Operation ihren Zustand verbessern sollte. Was sie zeigte, war nichts als freudige Erwartung: »Ich bin so froh, ich werde operiert.« Man konnte die Stimmung für echt halten, wenn nicht eine kurz vorher von ihr diktierte Geschichte ein ganz anderes Bild und vor allem ihre schweren Schuldgefühle offenbart hätte.

Was Linda zu Hause tut

Es war einmal ein kleines Mädchen. Ihr Name war Linda, und sie war sehr schlimm. So dachte sie sich einmal etwas aus. Sie wollte den

Hund streicheln, aber sie konnte den Hund gar nicht leiden. Und der Hund biß sie, so daß sie weinend ins Haus lief. Mutti wollte wissen, was ihr geschehen war, und sie sagte: »Der Hund hat mich gebissen.« Und Mutti gab etwas auf die gebissene Stelle. Und sie lief wieder hinaus, lief aber wieder zurück, um Mutti etwas zu fragen: »Ist es recht, wenn ich den Hund streichle?« Und Mutti sagte: »Lieber nicht.« Und Linda blieb dabei: sie wollte den Hund streicheln. Aber wie sie wieder draußen war, dachte sie, es ist doch besser, diesmal nicht den Hund zu streicheln, und sie spielte lieber auf dem Rasen vor dem Haus. Da sah sie eine Schlange, und sie lief zurück ins Haus und ging den ganzen Tag nicht mehr hinaus.

Ihr eigener Kommentar dazu lautete nur: »Das war zu Hause. Es war wirklich so, wie ich zu Hause war.«

In meinen Gesprächen mit Linda versuchte ich, dieses freudige Vorgefühl zu ergründen und sogar zu erschüttern; ich erreichte damit, daß sie schließlich anfing, alle die Fragen zu stellen, die sie vorher als zu angsterregend unterdrückt hatte. Ihre Angst bezog sich vor allem auf die Narkose und ließ erst nach, nachdem man ihr im Laboratorium erlaubte, etwas Äther zu riechen. Sie fand dann erleichtert: »Es ist gar nicht so arg.«

Obwohl Linda von Natur aus ängstlich war und geneigt, alles Gefährliche zu vermeiden und zu verleugnen, genügten doch einfache Gespräche dieser Art, um ihre vernünftige Einstellung zur Operation zu sichern und um ihre Ängste so weit in Schach zu halten, daß sie sich auf die versprochene Besserung freuen konnte. Sie erlaubte sich von da an, ihrer den Umständen ganz angemessenen Neugier freien Lauf zu lassen, aber auch zuzugeben, daß eine Operation schmerzhaft ist und daß man sich in der Klinikabteilung verlassen fühlen kann. Diese gemischten Gefühle fanden Ausdruck in ihrer späteren Schilderung des Erlebnisses, in der Angst, Neugier und Tapferkeit sich die Waage halten.

Mein großes Abenteuer

Mein Doktor sagte zu mir: »Du wirst operiert werden«, und ich war sehr neugierig, denn ich hatte nie vorher eine Operation gehabt. Ich war ganz froh, denn es war meine erste Operation, und ich wollte wissen, wie so etwas ist. Ich war sehr neugierig. Ich habe wirklich auch Angst gehabt, denn ich war ja nie vorher operiert worden. Ich war ängstlich, weil ich nie vorher Äther bekommen habe und weil man den Äther vielleicht sehr spürt. Ich habe nichts dagegen gehabt, wie man mich nach St. Luke's gebracht hat, ich dachte, in der Klinik ist es vielleicht ganz nett, solange ich noch nicht im Operationssaal bin.

Du hast gefragt, warum ich mich auf die Operation freue, und ich habe gesagt, weil ich nachher ganz in Ordnung sein werde. Aber ich habe doch auch Angst gehabt, denn es war meine erste Operation, und ich konnte nicht wissen, wie es sein wird.

Und dann brachten sie mich in den Operationssaal, legten mich auf den Tisch und drehten mich auf dem Tisch auf die Seite und legten eine Art Sandsack auf die Seite, um mich auf der Seite zu halten. Ich dachte: »Wo ist der Äther? Wo ist der Äther?« Ich fragte: »Wo ist der Äther?« Und die Schwester sagte: »Wir werden ihn bald haben.« Und dann stellten sie ein weiteres Gestell neben den Operationstisch. Dann gab mir die Schwester eine weiße Maske zu halten, aber ich wollte sie nicht halten, so hielt die Schwester sie und nahm eine Flasche vom Gestell, und sie öffnete einen kleinen Deckel, und der Äther floß auf die Maske. Ich schlief ein. Der Geruch war scheußlich, und die Luft schmeckte nach Äther. Wie ich schwindlig und am Einschlafen war, schrie ich auf. Ich hatte einen Traum, daß man mich operiert. In Wirklichkeit weiß ich nichts von der Operation. Und dann, nach dem Aufwachen, fragte ich die Schwester, ob ich in Gips war, und sie sagte, ja. Dann fragte ich nach den Eltern, und sie sagte: »Sie sind hinuntergegangen und trinken eine Tasse Kaffee und kommen bald.« Und wie sie da waren, machte mein Vater eine Schachtel auf und holte die neue Puppe heraus. Und ich spielte mit ihr und sagte zu Mutti und Vati, wie schön sie ist. Sie blieben da bis nach dem Abendessen.

Das ist alles über die Operation. Wie ich den Gipsverband zu sehen bekam, sagte ich: »Oh, oh, oh.« Und es brannte wie Feuer an der Stelle, wo die Operation war.

Eine erfolgreiche Vorbereitung langsamer Art

Harriet, ein dreizehnjähriges, an Kinderlähmung leidendes Mädchen, hatte Schwierigkeiten, sich aus Kastrationsängsten und -phantasien zu lösen, die sie seit der frühen Kindheit quälen und die stärker wurden, als man ihr von einer Operation sprach. Sie hatte eine sehr unglück-

liche Erziehung durchgemacht, voller Angst, übertriebener Forderungen und viel Kummer.
Als ihr Arzt eine Muskeltransplantation vorschlug, damit sie ihre Hände besser gebrauchen könne, geriet sie in Verzweiflung und weinte den ganzen Rest des Tages über, wie man mir mitteilte. Offenbar glaubte sie nicht, daß es sich um einen verhältnismäßig kleinen Eingriff handelte, und erwartete und befürchtete eine ausgedehntere Operation (um so mehr, als sie wußte, daß sie eine geringfügige Anomalie der Sexualorgane hatte).
Obwohl man ihr die Art der Operation in allen Einzelheiten erklärt hatte, stellte sie mir Fragen. Anscheinend wollte sie, um die Wahrheit herauszufinden, ausprobieren, ob alle das gleiche sagen würden:
»Warum würde dann meine Hand besser sein? Was ist nicht in Ordnung?«
»Diese Muskeln hier arbeiten nicht zusammen, und Dr. T. würde das korrigieren, so daß du den kleinen Finger und den Daumen zusammenbringen könntest. Dann könntest du leichter schreiben, ein Messer oder eine Gabel halten, mit deinen Krücken umgehen und noch vieles andere.«
»Wie wird er das machen?«
»Er würde einen kleinen Schnitt hier machen und ...«
»Das Gerede von diesem kleinen Schnitt hängt mir zum Hals heraus. Das sagt ihr wohl, aber keiner weiß, was sie alles durchschneiden werden, und ich brauche es gar nicht. Ich bin in Ordnung, und wenn ich eifrig bete, wird mir der liebe Gott helfen, und ich weiß, daß er mir hilft – da schau her –«
In ihrer Erregung und Angst streckte Harriet die Hand aus, die operiert werden sollte, und tat, in vollendeter Weise, was sie bisher nicht fertiggebracht hatte: sie benützte ihre Finger korrekt, brachte Daumen und kleinen Finger zusammen. Diese nahezu übernatürliche Besserung, die wahrscheinlich der heftige Gefühlsaufruhr irgendwie möglich gemacht hatte, hielt etwa drei Wochen an, verschwand dann langsam wieder und ließ Harriet sehr verzweifelt und trostbedürftig zurück.
Während des folgenden Jahres wurde überhaupt nicht mehr von der Operation gesprochen, obwohl man Harriet zu verstehen gegeben hatte, daß der Chirurg bereit war zu operieren, wann immer sie das wünschen sollte. Aber trotz vieler Besserungen (besserem Gehen an Krükken, besserer Bewegungsfreiheit der Arme, hübscherem Aussehen usw.) blieb die Angst vor dem »Schnitt«. Obwohl sie den jungen Schwestern-

helferinnen erlaubte, sie bezüglich ihrer Kleidung zu beraten, in dem Versuch, aus sich selbst ein »faszinierendes Mädchen« zu machen, wehrte sie sich entschlossen dagegen, sich das Haar kürzer schneiden zu lassen, und trug es statt dessen in zwei störrischen, unordentlichen Zöpfen. Endlich begann sie dann, in unseren Gesprächen ihre Kastrationsangst offen mit mir zu besprechen, gewann so Klarheit darüber und wurde fähig, die Situation realistisch zu betrachten. Als erstes erklärte sie sich bereit, ihr Haar gleichmäßig schneiden zu lassen, dann ließ sie es kürzer und kürzer schneiden, und schließlich sprach sie über die Operation zur Verbesserung ihrer Handfunktion. »Wollen Sie Dr. T. bitten, es zu machen?« fragte sie.

»Er wird sich freuen, wenn du ihn selber bittest.«

In ihrem Fall hatte die Vorbereitung auf die Operation ein ganzes Jahr gebraucht.

Erfolglose Vorbereitung bei einer Dreijährigen

Jane, ein dreijähriges Mädchen, war zur Behandlung einer angeborenen Hüftluxation ins Rainbow-Krankenhaus gekommen; sie hatte schon viele Behandlungen hinter sich, von denen einige offenbar mit viel Mühsal und Einschränkung der Bewegungsfreiheit verbunden gewesen waren. Ihr anfänglicher Aufenthalt bei uns sollte dazu dienen, dieses zarte Kind auf die Operation in der Kinderklinik vorzubereiten; danach sollte sie zu einem längeren Rekonvaleszenzaufenthalt wieder zu uns zurückkehren.

Beim Spielen mit ihr versuchte ich, die verschiedenen Phasen der Operation, die sie erleben würde, bildlich darzustellen. Zuerst fuhr eine kleine Puppe mit Namen Jane in einem Auto in ein anderes Krankenhaus. Dort wurde die Puppe in ein kleines Bett gelegt und schlief ein. Jane brachte auf dem »schlimmen Bein« der Puppe viele Gipsverbände an. Später legten wir die Puppe auch auf ein Gestell und das Bein in einen Streckverband – alles Dinge, mit denen Jane selber zu kämpfen haben würde. Sie zeigte ihrem Arzt voll Stolz die kleine Puppe, nahm den Gips im Lauf des Tages viele Male ab und hatte Spaß daran, einen neuen Verband anzulegen. Zu gleicher Zeit wurde sie selber auf ein Gestell gelegt, damit sie mit dieser Lage vertraut würde. Obwohl eine Stunde genügt hätte, war sie anscheinend ganz zufrieden und wollte noch länger so liegen bleiben.

Nach den Berichten der Mutter verhielt sich Jane während ihres Auf-

enthaltes in der Kinderklinik, wo sie weniger als eine Woche blieb, mustergültig. Als sie nach Rainbow zurückkam, bat sie um ihre Puppe, die wie sie selber ein Bein im Gips und im Streckverband hatte; aber obwohl sie die Puppe mit Interesse betrachtete, spielte sie doch nicht mit ihr. Sie machte uns vielmehr Sorgen, weil sie sich in sich zurückzog und stundenlang ruhig auf ihrem Gestell lag und eine alte Karte ansah oder ein Spielzeug festhielt, das ihr die Mutter mitgebracht hatte. Sie sang zwar leise vor sich hin, zeigte aber sonst an nichts Interesse und lutschte nur am Daumen.
Offensichtlich war in ihrem Fall die Vorbereitung wirkungslos geblieben; das Spiel mit der Puppe hatte ihr zwar Spaß gemacht, jedoch nicht vermocht, sie auf den Schock des Stilliegenmüssens während der postoperativen Phase vorzubereiten.

Unverminderte Verzweiflung trotz Vorbereitung

Im Falle der vierjährigen Ruby erwies sich die Vorbereitung, als das Mädchen sich schließlich mit dem Ergebnis der Operation konfrontiert sah, gleichfalls als wirkungslos. Ihr wurde in der Kinderklinik wegen des Fehlens der Fibula ein Bein amputiert; in der Klinik hatte sich einer der Ärzte, ein außergewöhnlich warmherziger und zartfühlender Mann, bemüht, sie auf das Bevorstehende vorzubereiten. Nach der Operation schien sie gelassen zu sein, solange der Stumpf unter dem Verband nicht zu sehen war; aber sobald dieser gewechselt werden mußte, brach sie zusammen und war untröstlich. Bei einer dieser Gelegenheiten hielt ich sie auf dem Schoß; alles, was ich tun konnte, war, ihrer tiefen Verzweiflung freien Lauf zu lassen. Als sie sich endlich ein wenig beruhigt hatte, versuchte ich, ihr zum verbalen Ausdruck zu verhelfen, indem ich sie fragte: »Was ist es denn?« Sie versuchte, ruhiger zu werden, und sagte: »Jemand hat eine Schere genommen und mir den Fuß abgeschnitten.« Sie wirkte verloren und vereinsamt, wie ein Kind, das einen geliebten Menschen betrauert. Nach meiner Meinung gibt es keine zureichende Vorbereitung für Schocks und Verluste dieser Art.

Vorbereitung durch Konfrontation mit der Realität

Bei Jackie, einem fünfjährigen Jungen, wurde eine Operation an der Wirbelsäule vorgenommen, wie sie gewöhnlich nur bei älteren Kindern durchgeführt wird. Er hatte selber verlangt, man solle seinen Rücken

»in Ordnung bringen« und schien sich darüber zu freuen, daß seinem Wunsch entsprochen wurde, so daß er »wie andere kleine Jungen« sein würde.

Er kam nach Rainbow, um zu sehen, wo er nach seiner Operation einige Monate verbringen würde; man hatte den Besuch jedoch in erster Linie arrangiert, damit er mit Kindern zusammenkäme, die während der Rekonvaleszenzzeit einen Körpergips trugen, damit er also die Situation kennenlernte, die er selber erleben würde. Diese Patienten unterhielten sich ungezwungen mit Jackie, der ganz ohne Angst zu sein schein. Am nächsten Tag wurde er in die Kinderklinik aufgenommen, wo man ihm zur Vorbereitung auf die Operation wohlüberlegte Erklärungen gab.

Bei einer unserer ersten Begegnungen, nachdem er zur Rekonvaleszenz nach Rainbow kam, malte er ein Bild – große Kleckse in allen Farben. Als er verkündete, das Bild sei jetzt fertig, fragte ich: »Und was für eine Geschichte erzählt nun dein Bild?«

»Das ist eine Karte«, erwiderte er.

»Ja, es sieht wirklich wie eine Karte aus. Ist sie für eine Reise gedacht?«

»Es ist eine Karte meiner Operation«, sagte er, »und ich will, daß du sie an Dr. B. schickst, damit er die Karte kleinen Kindern zeigen kann, wenn er mit ihnen über die Operation spricht.« Dann diktierte er einen Brief als Begleitschreiben zu der Karte:

> Das ist eine Karte meiner Operation. Sie haben einen Knochen repariert. Und sie haben ihn zusammengenäht. Sie haben einen Verband über die Stiche gemacht. Dann haben sie die Stiche herausgenommen und mir einen Gips angelegt. Das Blaue sind die Knochen, die sie repariert haben. Und das Grüne ist, wo sie die Stiche reingemacht haben. Das Braune sind die Spritzen. Ich habe auch Sauerstoff bekommen. Den Sauerstoff haben sie in einer Art Weltraummaske gemischt, und das ist die rosa Farbe. Dann kam ich in den Raum, wo man wieder aufwacht. Dr. B. war dort und die Schwester und ich, und das ist die gelbe Farbe. Dann bekam ich wieder eine Medizin, die meine Schmerzen wegnahm. Ich glaube, das ist so ziemlich alles.

Bei ihm gelang es der Vorbereitung, die ausschließlich in der Erklärung realer Fakten bestand, eine befriedigende Einstellung zur postoperativen Situation zu erzeugen.

Oft erweist sich die Konfrontierung mit den Erlebnissen anderer Patienten als hilfreich für die Vorbereitung, insbesondere in Fällen von Operationen an der Wirbelsäule zur Korrektur einer Skoliose. Die Operation bewirkt hier so verblüffende Veränderungen im Aussehen, daß Heranwachsende, denen man erlaubt, die Umwandlung bei einem Mitpatienten zu beobachten, von froher Erwartung erfüllt sind. Mädchen vergleichen den Körpergips mit einem »Kokon«, aus dem der Schmetterling als ein völlig anderes Wesen hervorkommt. Solche Aspekte der Situation vermindern die Angst vor dem schweren Gipsverband, in dem das Kind beinahe sechs Monate lang bleiben muß.

Vorbereitung auf leichtere Eingriffe

Marion, eine siebenjährige schwere Asthmatikerin, erforderte ein Vorgehen ganz anderer Art. Während ihres Aufenthaltes in Rainbow hatte sie keine der angsterregenden Attacken, welche daheim häufige Vorfälle waren. Da sie weder eine Behandlung noch Medikamente benötigte und sich relativ wohl fühlte, verleugnete sie ihr Wissen, in einer Klinik mit kranken Kindern zu sein, und versuchte, sich so zu benehmen, als wäre sie in einem Internat. Ich sah meine Aufgabe darin, ihr die Realität vor Augen zu führen. Marion, die ihr Leben lang ungezählte Tests und Biopsien durchgemacht und sich vielen angsterregenden Situationen ausgeliefert gesehen hatte, wenn man sie schwer krank hatte ins Krankenhaus bringen müssen, fürchtete nun sogar den kleinen Stich in den Finger, um eine Blutprobe zu erhalten; es war in ihrem früheren Spital bekannt, daß sie sogar auf diesen leichten Eingriff außergewöhnlich verstört und schwierig reagierte. Ich entschied darum aufgrund dieser Reaktionen, die Vorbereitungszeit so kurz wie möglich zu halten, so daß Marion keine Zeit gegeben wäre, sich furchterregenden Phantasien hinzugeben. Ich veranlaßte, daß diese Blutprobe in meiner Anwesenheit vorgenommen werden sollte, und als ich Marion zu diesem Zweck von der Schule abholte, ergab sich zwischen uns folgendes Gespräch:

»Das ist eine hübsche Schule.«

»Ich glaube, Marion, du weißt, daß dies ein Krankenhaus ist, wo die Kinder auch in die Schule gehen.«

»Du meinst ein Krankenhaus, wo sie die Kinder mit Nadeln stechen?«

»Ja, manchmal müssen sie eine Blutprobe haben, damit sie genau wissen, wie sie die Kinder wieder gesund machen.«

»Würden sie es mir machen?«
»Ja.«
»Wann?«
»Jetzt.«
»Wo?«
»Hier.« (Wir waren inzwischen beim Laboratorium angelangt.)
»Ich werde schreien!«
»Ja, vielleicht hilft es, und du fühlst dich besser.«
Marion setzte sich nieder und hielt ihren Finger hin. Sie schrie pflichtbewußt »Au« und sagte: »Ist das alles? Ich will das Pflaster selbst draufgeben.«
Eine gefürchtete Situation war vorüber, ohne Versprechen irgendwelcher Art und ohne die sonst von Marion geforderte Belohnung.

8. Typische Reaktionen auf spezifische Krankheiten

Soweit es meine eigene Arbeit betraf, mußte jedes Kind als Individuum behandelt werden, unter strikter Zugrundelegung seiner eigenen, persönlichen Qualitäten und Besonderheiten. Andererseits war nicht zu verkennen, daß es gewisse typische Verhaltensreaktionen auf spezifische Krankheitsformen und spezifische ärztliche Behandlungsweisen gab. Am auffallendsten waren die Unterschiede zwischen den orthopädischen Patienten und den Herzpatienten, hier trotz der Tatsache, daß sich die Behandlungsweisen hinsichtlich des verordneten äußeren Verhaltens kaum unterschieden: wie schon erwähnt, begann die Behandlung in beiden Fällen mit Stilliegenmüssen; erst bei Wiedererlangung der Funktionsfähigkeit erfolgte eine allmähliche Lockerung.

Orthopädische Patienten

Für orthopädische Patienten war es charakteristisch, daß sie, von wenigen Ausnahmen abgesehen, die mit ihrer Behandlung verbundenen Beschränkungen und Einengungen in positiver Weise akzeptierten. Sie wirkten während ihrer erzwungenen Bewegungslosigkeit zufrieden und bemühten sich entschlossen, ihre Mühsal zu ertragen und ihren künftigen physischen Zustand zu verbessern. Diese Einstellung, der man selbst bei den ganz Kleinen begegnete, war uns zunächst ein Rätsel, erweckte deshalb unsere Neugier und veranlaßte uns, nach Erklärungen zu suchen. Mehrere Quellen waren denkbar, aus denen sie ihre überraschende Kraft bezogen.

Die erste und wichtigste Ursache war offenbar, daß die Greifbarkeit und Sichtbarkeit der orthopädischen Vorrichtungen ihnen half. Es gab dabei nirgendwo etwas Geheimnisvolles, insbesondere nicht bei den Auskünften, die man ihnen gab. Die verschiedenen Teile der Apparatur konnte man sehen, untersuchen, bei ihrem Funktionieren beobachten. Das gleiche galt für das Leiden selber, das in den meisten Fällen offensichtlich war. Die Prozeduren der Behandlung konnten in bestimmten, konkreten Begriffen besprochen werden, einschließlich des Grades der Besserung und der für die Wiederherstellung benötigten Zeitdauer; in der Regel waren in dieser Hinsicht keine plötzlichen Veränderungen oder Rückfälle zu befürchten. Während ihrer sich über lange Zeit hinziehenden Genesung konnten die älteren Kinder ihr Interesse darauf konzentrieren, mehr über die technischen Einzelheiten der Operation zu erfahren, sich mit den Röntgenaufnahmen zu beschäftigen usw. Irgendwie schien es, als ob die krasse, ungeschminkte Realität der Situation, gerade ihre Konkretheit, beruhigend wirkte und mithalf, Phantasien und unrealistische Ängste in Schach zu halten.

Die Kinder in orthopädischer Behandlung empfingen auch durch die Gruppensituation Stärkung, das heißt durch die Erkenntnis, daß sie ein gemeinschaftliches Schicksal hatten; daß sie alle sich in die gleichen oder ähnliche Einschränkungen fügen mußten; daß die meisten von ihnen sich vorläufig nicht mehr frei bewegen konnten; daß sie alle im Krankenhaus waren, um wiederzugewinnen, was sie verloren hatten.

Hinnahme aufgrund von Phantasien

Andererseits spielten in der Situation unrealistische Elemente keine geringere Rolle als realistische. Was, oberflächlich betrachtet, als gelassene Zuversicht erschien, entpuppte sich bei näherer Bekanntschaft mit dem Kind oft als geheimes Ausleben masochistischer oder schuldbeladener Einstellungen. Im Zusammenhang mit solchen Neigungen erlebten die Kinder möglicherweise die Periode restriktiver Behandlung als eine Zeit gespannter Erwartung wie eine Buße, vergleichbar mit den Märchen, wo es zum glücklichen Ende nur nach Erduldung großer Mühsal kommt, und wo diese Mühsal nicht nur akzeptiert, sondern erstrebt und lustvoll erwartet wird.

DONNA[1] war dafür ein Beispiel; sie erklärte: »Es gibt immer drei schreckliche Aufgaben. Man muß zuerst herausfinden, welches sie sind, und sie dann erfüllen; erst wenn man sie durchlitten hat – erst dann können der Prinz oder die Prinzessin wieder ihre ursprüngliche Gestalt annehmen.« In ihrem speziellen Fall wurden diese Aufgaben durch die beiden Operationen dargestellt, die sie durchgemacht hatte, und durch ihren Wunsch nach der magischen dritten, die den Zauber brechen und ihr die Gesundheit zurückgeben würde.

Auch andere Kinder erwarteten offenbar, daß wunderbare Dinge geschehen würden, wenn sie nur geduldig genug darauf warten würden. Sie verglichen sich mit den Lebkuchenkindern im Märchen, die ebenfalls keine Bewegung machen dürfen und darauf hoffen, daß der Zauber bald zerbricht und sie dann in schrankenlose Freiheit entspringen können. Fast alle von ihnen ersehnten sich insgeheim ein Zauberwort, das ihnen augenblicklich völlige Heilung bringen würde.

Zusammenbruch der Hinnahme

Für den beobachtenden Erwachsenen war es fast eine Erleichterung, daß die seltsame Gelassenheit der Kinder nicht unter allen Umständen bewahrt wurde. Diese Gelassenheit schien vor allem davon abhängig zu sein, daß alle gleich behandelt wurden und daß alles planmäßig verlief; Veränderungen wurden nicht leicht akzeptiert.
Wir wußten zum Beispiel, daß unsere Kinder mit heftigem Gefühlsaufruhr und Verzweiflung reagierten, sobald ihnen eine zusätzliche und unerwartete Maßnahme auferlegt werden mußte, vor allem wenn diese nicht mit ihrem Hauptleiden zusammenhing. Solche Situationen trafen sie unvorbereitet und brachten sie aus dem Gleichgewicht; sie waren zur Kooperation nicht bereit.

Der sechzehnjährige HENRY zum Beispiel hatte drei größere Operationen durchgemacht; da er querschnittgelähmt war, war die Behandlung zur Verbesserung seiner physischen Verfassung äußerst mühselig. Es war überhaupt kein Vergleich zwischen diesen Qualen und der kleinen Anstrengung, die es ihn gekostet hätte, in die Extraktion eines zer-

[1] Weitere Beobachtungen über dieses Kind findet man in den Kapiteln 6 und 11.

störten Zahnes einzuwilligen. Und doch war er nicht fähig, dem die Stirn zu bieten, und wiederholte hartnäckig, daß er den Gedanken an auch nur eine einzige weitere Injektion nicht aushalten könne. Dieser Gedanke war das Schleusentor, durch das eine Flut bisher verborgener Gefühle hereinströmte, die mit seinen Operationen und der postoperativen Behandlung zusammenhingen. Er selber konnte erklären, daß er sich unter keinen Umständen wieder in eine Lage begeben würde, die ihn an diese traumatischen Ereignisse und die damit einhergehenden Phantasien erinnern würde. Er wußte selber sehr wohl, daß er sich früher oder später seinen Zahn herausnehmen lassen mußte, da er infiziert war und Schmerzen verursachte. Im Augenblick jedoch war er weder willens noch fähig, andere Forderungen zu akzeptieren als die des Orthopäden, der ihn behandelte.

Ein weiterer Fall war JOEL, der fünf Jahre alt war, als er in unsere Station hereinmarschierte. Er litt an der Legg-Perthes-Krankheit. Er trug ein Bündel auf der Schulter mit seinen Lieblingsspielsachen und sonstigen Habseligkeiten und verhielt sich wie ein Soldat, der seine Ausrüstung mitbringt. Er ging herum und begrüßte alle Kinder und legte sich dann ganz zufrieden ins Bett, wo seine Beine auf einem ziemlich hohen Brett ruhten. Er schien ganz zufrieden und beklagte sich nicht einmal während der ersten Tage seines Aufenthaltes über die unbequeme Lage, die er einnehmen mußte; er lächelte und schloß mit allen ringsum Freundschaft. Jedesmal, wenn sein Brett ein wenig höher gestellt wurde, verkündete er das voller Stolz und zeigte die Streckgewichte, wie jemand mit einem kostbaren Geschenk prahlt.

Und doch schämte sich der gleiche Junge, der so stolz auf seinen Streckverband war, schrecklich und war ganz unglücklich, als er einmal einen Kopfverband bekam, weil er Ohrenweh hatte. Er klagte, mit so einem Verband könne er überhaupt nichts tun. Er zog die Bettdecke über den Kopf und blieb regungslos im Bett liegen. Es waren nicht Schmerzen, die ihn am Spielen oder Arbeiten hinderten; er erklärte ausdrücklich, es sei der Kopfverband, der ihn störe. Was hier tatsächlich vorging, ist damit zu erklären, daß er die Schuld an seiner Behinderung von der tatsächlich vorhandenen, jedoch akzeptierten orthopädischen Vorrichtung auf den Verband übertrug, den er als schändlich, aus der Reihe fallend und nicht zur Situation gehörend empfand.[2]

[2] Dieses Kind wurde in England beobachtet; eine detaillierte Schilderung findet sich in: Thesi Bergmann, ›Observation of Children's Reactions to Motor Restraint‹, in: *Nerv. Child.*, 4: 318–328, 1945.

Auflehnung während der Genesung

Während die meisten Kinder während der Periode der Immobilisierung nach außen hin geduldig waren und erst dann zusammenbrachen, wenn ihnen zusätzliche unangenehme Einschränkungen auferlegt wurden, verhielten sie sich völlig anders, wenn sie anfangen durften aufzustehen. In diesem Stadium der Genesung war das Verhalten der Patienten größtenteils charakterisiert durch allgemeine Ungeduld und extreme Empfindlichkeit gegenüber der geringfügigsten weiteren Einschränkung. In diesem Stadium wurde jede Behandlung als eine unüberwindliche Forderung empfunden, und der bisherige Mut, die scheinbare Gelassenheit und Ausgeglichenheit verschwanden vollständig. Manchmal war es seltsam zu beobachten, wie unsere bisher gefügigen und zur Mitarbeit bereiten Kinder sich in schwierige Patienten verwandelten, die klagten und sich selbst bemitleideten, wenn auch nur eine Blutprobe entnommen werden oder eine Schiene angelegt werden mußte. Offensichtlich fühlten sie sich nach all dem, was sie durchgemacht hatten, berechtigt, sich völliger Freiheit zu erfreuen, und waren nicht willens, sich noch mehr zumuten zu lassen. Darüber hinaus erhielten in diesem Zeitpunkt die magischen Erwartungen nicht weniger Kinder einen schweren Rückschlag durch die Tatsache der unerwartet langsamen Fortschritte beim Gehenlernen und der vielen bleibenden Defekte. Kinder, die beim Näherrücken der Genesung sich darauf gefreut hatten, »den Gips in Stücke zu schlagen«, mußten feststellen, daß sie immer noch auf Krücken und andere Hilfsmittel angewiesen waren.

Reaktionen auf die Beseitigung des Gipsverbandes

Gerade in dieser Phase der Genesung kamen auch Spannung und Angst zum Durchbruch und fanden ihr Ventil in Aggressionen. Da die meisten Formen aktiver Abfuhr noch blockiert waren, äußerte sich die Wut gewöhnlich in Zorn- und Schimpfausbrüchen, beides in ungewöhnlicher Heftigkeit – für die Eltern bedrohlich und für das Krankenhauspersonal schwer zu bewältigen. Glücklicherweise waren derartige Reaktionen von kurzer Dauer und verschwanden, wenn die motorischen Funktionen in höherem Grad wiederhergestellt waren.

Instruktiv war es zu erleben, daß es auch Kinder gab, die auf die Abnahme des Gipsverbandes und die Wiedererlangung der Freiheit negativ reagierten. In manchen Fällen wirkte der Gipsverband selber als Schutzmaßnahme.

Dies geschah bei zwei Mädchen im Adoleszenzalter, SYLVIA und LILY, zwischen denen eine sehr enge und vertraute Freundschaft entstanden war, die sich in erster Linie auf ihre ähnliche Lage gründete: sie hatten beide das Gefühl, daß ihr Gipsverband, in dem sie nach einer Rückgratoperation der Genesung entgegengingen, ein »kleines Haus« war, in dem sie als »befreundete Nachbarn« lebten – und gegenseitig Erfahrungen, Phantasien und auch Zweifel austauschten. »Es ist nett – man fühlt sich behaglich darin, niemand kann einen herumschubsen«, war ihr Kommentar. In dem »behaglichen kleinen Haus« wurden sie fast keck und hatten vor, in dem Zustand zu verbleiben.
Ferner war Sylvia, solange sie im Gips lag, daran gehindert gewesen, der Masturbation nachzugeben, vor der sie sich als »nicht wünschenswert und nicht nett« fürchtete. Das behagliche kleine Haus hatte sie vor Konflikten geschützt, mit denen sie sich vorher auseinandersetzen mußte und vor denen sie für die Zukunft Angst hatte.

Ein anderer Heranwachsender, GENE, geriet innerlich völlig außer Fassung, als der Zeitpunkt herannahte, wo der Gipsverband abgenommen werden sollte. Er hatte Kinderlähmung gehabt und war ein schwieriger Patient, streitsüchtig und launisch. In seinem Fall verhinderte der Gipsverband sexuelle Erregung nicht, sondern machte ihn im Gegenteil »wild«, wenn er Erektionen hatte. Dann schimpfte er so unflätig, daß das Pflegepersonal es kaum ertragen konnte. Obwohl er erklärte, wie froh er sei, »endlich den Gips loszuwerden«, paßte seine Haltung nicht zu einer solchen freudigen Erwartung. Vielmehr wurden seine Ängste immer größer und hefteten sich gerade an den Vorgang der Entfernung des Gipsverbandes, vor dem er sich fürchtete, als wäre es eine weitere Operation. Die Angst vor der Entdeckung seiner sexuellen Manipulationen wurde offenbar in die Angst umgesetzt, daß das stumpfe Rad, mit dem man den Gips durchtrennt, ihn »versehentlich schneiden« könnte.

Die Schwierigkeit, die Immobilisierung als eine passive, regressive Situation aufzugeben, war besonders ausgeprägt bei KEITH, einem fünfjährigen Knaben mit Spina bifida, der fast sein ganzes bisheriges Leben in Krankenhäusern zugebracht hatte und im Streckverband lag, als ich ihn kennenlernte. Man versuchte es mit Gehenlernen, und man

versuchte ihm beizubringen, sich mit Hilfe von zwei Stöcken zu bewegen. Aber er hielt sich die meiste Zeit an einem Stuhl oder Tisch fest und stützte sich nicht auf seine Beine, sondern zog sie nach, so daß er praktisch keine Fortschritte machte. Nachdem dieser Versuch keinen Erfolg hatte, wurde beschlossen, ihn wieder in den Streckverband zu legen. Man dachte, er werde darüber sehr unglücklich und enttäuscht sein. Es schien ihm jedoch nichts auszumachen; vielmehr war er über die erneute Immobilisierung offenbar erleichtert und richtete sich zufrieden wieder in seinem Bett ein.
Offensichtlich hatte Keith bei seinen Gehversuchen erkannt, daß er jetzt nirgendwo mehr hingehörte, weder zu der behüteten Gruppe der kranken Kinder noch zu jenen, denen es gelang, sich wieder frei bewegen zu lernen. Da die Schritte, um zur Unabhängigkeit zu gelangen, ihm zu mühsam erschienen, fand er sich damit ab, bei der behüteten Gruppe zu bleiben. Sein Versagen beim Gehenlernen kompensierte er dadurch, daß er eine außerordentliche Geschicklichkeit mit seinen Händen entwickelte. Es gelang ihm, neue Arten von Spielen mit den alten Spielzeugen zu entdecken; er wurde von den anderen ans Bett gefesselten Kindern wegen seiner Erfindungsgabe sehr bewundert und war glücklich darüber, daß er bei ihnen so beliebt war – eine Situation, die er anderen Formen der Betätigung vorzog.

Andere Auswirkungen motorischer Beschränktheit

Interessant war auch die Beobachtung, daß in vielen Fällen eine deutliche Hemmung des verbalen Ausdrucksvermögens mit der erzwungenen Bewegungslosigkeit einherging, als ob der den Gliedern der Kinder auferlegte Zwang sich weiter ausbreitete und höher differenzierte motorische Funktionen beeinflußte. Während kleine Kinder häufig im verbalen Ausdruck regredierten oder, wenn sie gerade erst sprechen gelernt hatten, diese Fähigkeit vollständig verloren, wurden andere Kinder manchmal völlig schweigsam. Auch hier wieder handelte es sich um Einbußen, die vorübergehender Natur waren. Wenn der Gipsverband oder andere einschränkende Maßnahmen beseitigt wurden, stellte sich auch das verbale Ausdrucksvermögen wieder ein.

So war es zum Beispiel bei der vierjährigen Katie, die wegen Klumpfüßen im Gipsverband lag. Während der Zeit der Immobilisierung fiel auf, daß sie, obwohl sie sehr intelligent war und Spielzeuge, die der Erziehung dienten, mit viel Geschick benutzte, auf die, die sie haben wollte, nur mit dem Finger zeigte, nicht jedoch um sie bitten wollte. Ihr Wortschatz wurde immer geringer und bestand schließlich nur noch aus einigen wenigen Worten wie »Mami«, »Papa«, »Hundchen« und »Wiedersehen«. Gleichzeitig mit der Entfernung des Gipsverbandes war sie plötzlich wieder fähig, sich wie früher in kurzen Sätzen selbständig auszudrücken.

Daß die Entfernung des Gipsverbandes und die Wiedererlangung der motorischen Funktionen zu Entwicklungssprüngen führen kann, zeigte auch der Fall von Craig, einem sechsjährigen Knaben, der als geistig zurückgeblieben angesehen wurde. Ich lernte ihn kennen, als er ein Jahr lang auf einem »Bradford-Gestell« gelegen hatte und allmählich wieder gehen lernte. Damals neigte er zu Wutausbrüchen, zerriß seine Leintücher, Schlafanzüge und Kleider und benahm sich wie ein Baby. Wochenlang konzentrierte er sich nur auf das Gehen und zeigte sonst keinerlei Interessen. Aber sowie er in zufriedenstellender Weise Gehen gelernt hatte, kam er zur allgemeinen Überraschung im Schulunterricht gut zurecht, arbeitete gemäß seiner Altersstufe, und es waren keinerlei Anzeichen geistiger Zurückgebliebenheit mehr zu erkennen.

Herzpatienten

Selbst wenn man berücksichtigt, daß orthopädische Patienten oft, von ihren Behinderungen abgesehen, »gesund« sind, während Herzpatienten im eigentlichen Sinn des Wortes »krank« sind, und wenn man individuelle Ähnlichkeiten und Verschiedenheiten außer acht läßt, so bleibt doch bemerkenswert, daß keine der typischen Reaktionen, die bei Kindern in orthopädischer Behandlung zu beobachten waren, bei Kindern mit Herzleiden auftraten, die im Gegensatz dazu depressiv, entmutigt und in vielen Fällen eindeutig hypochondrisch wirkten.

Im Anfangsstadium, unmittelbar nach der Ankunft im Krankenhaus, empfanden wir es als Erschwernis, daß wir diesen Patienten nur sehr wenig tröstliche Auskünfte geben konnten, da in der Regel die Prognose weniger sicher und das Tempo des Fortschritts weniger vorhersehbar war; es gab erfahrungsgemäß viele Rückschläge. Daß keine beeindruckenden Apparaturen da waren, wirkte auf das Kind nicht beruhigend, sondern ließ es in einer Leere, ohne äußere Vorrichtungen, an die sich die Ängste heften konnten; es blieb ihm nur ein geheimnisvolles, inneres Leiden, das schwer zu bestimmen war. Es war nicht leicht, das Funktionieren des Herzens zu erklären, vor allem bei den kleineren Kindern, und gerade weil das etwas so Vages blieb, führte die Erklärung eher dazu, Ängste und Phantasien zu erwecken, als sie zu beruhigen. Die deutlichsten Hinweise dafür, wie krank sie waren, lieferten den Kindern – abgesehen vom Herzschlag – die aufeinanderfolgenden Änderungen der Behandlung und der verordneten Medikamente, die sämtliche Kinder mit größter Aufmerksamkeit beobachteten.

Im Gegensatz zu unseren Erfahrungen mit orthopädischen Patienten hatten wir den Eindruck, daß die herzkranken Kinder aus der Gruppensituation wenig oder gar keinen Vorteil zogen. Sie beobachteten einander und wetteiferten miteinander, aber auf ungesunde und nicht hilfreiche Weise; sie benutzten den Zustand anderer Kinder nicht als Ermutigung, sondern als Illustration und Demonstration ihrer eigenen Notlage. Trat bei einem anderen Kind eine Besserung ein, so fragten sie neidisch, warum das nicht auch bei ihnen so sei. Wenn auf der Station Rückfälle vorkamen, erwarteten sie das gleiche Schicksal. Alles in allem lösten die Anwesenheit anderer Kinder mit der gleichen Krankheit und das enge Zusammensein mit ihnen nur Beunruhigung aus.

Da es keine anderen greifbaren äußeren Anzeichen ihrer Krankheit gab, beschäftigten sich unsere Patienten übermäßig viel mit ihrem Herzschlag, den sie begierig kontrollierten. Sie machten sich große Sorgen, ob er zu laut, zu schnell oder unregelmäßig wäre, und jede Änderung war für sie ein Warnsignal. Den Herzschlag unter Kontrolle zu bringen und in der richtigen Ordnung zu halten wurde zu ihrem Hauptinteresse.

Ein Beispiel für eine solche Konzentration auf den Herzschlag war die zehnjährige Leah, einer unserer chronischen Fälle. Sie hatte ihre Besorgnis vom Herzen selbst auf ein dieses vertretende Symbol verschoben, einen kleinen Wecker nämlich, der für sie zum wertvollsten Besitz wurde und den sie pflichtbewußt jeden Abend aufzog und stellte, so daß er um sechs Uhr morgens die ganze Station aufweckte – sehr zum Kummer der anderen Mädchen. Als sie Rainbow für ein paar Tage verlassen mußte, weil in der Kinderklinik eine Katheterisierung des Herzens in Narkose vorgenommen werden sollte, brachte sie den Wekker zur sicheren Aufbewahrung in unser Stationszimmer. Am ersten Morgen, den sie fort war, rief sie noch vor der Operation die Schwester an, um sich zu vergewissern, daß der Wecker aufgezogen worden war. Nach ihrer Phantasie war es von entscheidender Bedeutung, daß der Wecker weitertickte, während sie selbst in Narkose und nicht in der Lage sein würde, sich um ihren eigenen Herzschlag zu kümmern.

Obwohl sie in Wirklichkeit über die Funktionsweise des Herzens nicht viel wußten, waren doch viele unserer Kinder schon mit Herzkranken in Berührung gekommen und wußten von den möglicherweise tödlichen Folgen. Sie hatten einen direkten Verwandten, einen Freund der Familie oder ein anderes Kind an dieser Krankheit sterben sehen, hatten den Verlust eines Menschen erlebt und – anstatt hoffnungsvoll vorwärtszublicken – verleugneten sie lediglich die Möglichkeit, daß es in ihrem eigenen Fall ebenso ausgehen könne.
Im ganzen waren unsere herzkranken Kinder fügsame, traurige Patienten, die ihre Beschwerden nicht zur Schau stellten, sondern im Gegenteil beharrlich versicherten, es gehe ihnen ausgezeichnet. Behandelte man sie nicht mit großer Vorsicht, so tendierten sie dazu, sich von Gefühlskontakten zurückzuziehen und ihr Interesse nach innen zu wenden; der Körper und der Herzschlag nahmen dann den Platz ein, den normalerweise im Leben eines Kindes die wichtigen Menschen in der Außenwelt innehaben.

9. Reaktionen auf andere Leiden und Kümmernisse

Trotz häufigen Besuchen von den Eltern und Sonntagpicknicks mit den Geschwistern war die signifikante Sozialgruppe für unsere Kinder die Station, die ihnen während ihres langen Krankenhausaufenthaltes das Zuhause und die Schulgemeinschaft ersetzte. Auf den Stationen wurde an den für andere Patienten wichtigen Erlebnissen intensiv teilgenommen; man wußte von den Leiden und der Prognose der anderen und interessierte sich lebhaft dafür; Besserungen und Genesung wurden auf das genaueste beobachtet. In der verhältnismäßigen Abgeschlossenheit und Inaktivität des Krankenhauslebens interagierten die Kinder miteinander und beeinflußten sich gegenseitig in einem Maße, wie es nicht leicht in einer anderen Situation vorkommt. Die individuellen Ängste, Hoffnungen und Phantasien breiteten sich über die ganze Station aus, und an ihnen richtete sich das Verhalten selbst jener Kinder

aus, die an ihrer Entstehung unbeteiligt waren – eine Gemeinsamkeit des Erlebens, die natürlich dort am intensivsten war, wo das gleiche Leiden vorlag.
Andererseits war es aufgrund der im Krankenhaus verfolgten Konzeption unvermeidlich, daß unsere Kinder auch mit anderen zusammenkamen, deren Krankheiten ihnen völlig neu und fremd waren und deren bedrohlicher Zustand neue Ängste und Phantasien hervorrief, mit denen sie zurechtzukommen versuchten.

Blindheit

Wenige Kinder sind tatsächlich mit einem blinden Menschen in Berührung gekommen, aber für viele spielt die Vorstellung der Blindheit eine Rolle in ihrer Phantasiewelt als Symbol schwerer körperlicher Beschädigung, das heißt der Kastration. Trotzdem ist es ein großer Unterschied, ob man in einer klassischen Sage der Gestalt des blinden, von den Göttern geschlagenen Helden begegnet oder ob man auf der Station auf engem Raum tatsächlich mit einem Kind zusammenlebt, das sein Augenlicht verloren hat. Beide Anlässe sind für das sehende Kind furchterweckend, der letztere jedoch ruft einen schweren Schock hervor, insbesondere bei Kindern, deren eigene körperliche Unversehrtheit durch ernste Krankheit bedroht ist.

ROBERT, vierzehn Jahre alt, war blind und taub im Anschluß an eine akute Sarkoidosis, als er zur Genesung in unsere Knabenstation aufgenommen wurde. Die Kommunikation mit ihm beschränkte sich darauf, ihm Zeichen in die Handfläche zu schreiben. Die Vorbereitung der auf der Station liegenden Knaben bestand einfach darin, daß wir ihnen erklärten, daß es solche unglückliche Situationen eben gibt, daß es Menschen gibt, die sehr viel schlimmer daran sind als sie selber, und daß sie ein solches Kind in ihrer Mitte haben würden; daß es an ihnen liege, ihre diesbezüglichen Ängste zu bezwingen und dem Neuankömmling zu helfen.
So wie die Dinge tatsächlich verliefen, fanden wir nie heraus, ob unsere Kinder mit den in ihnen erweckten Ängsten so gut fertig wurden oder ob es einfach Roberts entwaffnend ungezwungener und freundlicher Charakter war, der den Abgrund zwischen ihm und den anderen Kindern überbrückte. Robert sagte einfach ganz offen: »Ich kann das nicht

tun, weil ich nicht sehen kann« oder »Dazu brauche ich Zeit, weil ich blind bin«. Die Kinder bedienten sich zur Kommunikation in recht erfinderischer Weise gewisser Zeichen, und wir hörten dann Robert sagen: »Führe mich nicht – ich muß selber meinen Weg finden; aber wenn du Zeit hast: begleitest du mich?« Sie waren sich gegenseitig sehr behilflich. Robert machte viele Geschenke – schöne Lampen, die er sorgfältig anschloß und voller Stolz vorführte, wobei er die Bewunderung der Kinder und der Erwachsenen gleichermaßen genoß. Es ist interessant, daß Robert so vollendet lernte, Lampen zu konstruieren, und daß es ihm so wichtig war, seine Freunde mit Licht zu versorgen und ihnen etwas zu schenken, was ihm selber versagt war.
Jedenfalls aber funktionierte das Experiment, und Robert wurde als Mitglied der Gruppe akzeptiert, obwohl sein Leiden aus dem Rahmen fiel.

Amputation

Wir hatten gesehen, daß es den Jungen leichter fiel, mit der gegebenen Situation fertig zu werden, wenn wir einfach ihre Fragen offen und ungeschminkt beantworteten und damit Klarheit in ihre Gedanken brachten. Deshalb entschlossen wir uns für das gleiche Vorgehen, als Connies Aufnahme in das Rainbow-Krankenhaus besprochen wurde.

Connie war wegen eines Tumors ein Bein amputiert worden, als sie noch ganz klein war. Mit zweieinhalb Jahren kam sie ins Rainbow-Krankenhaus, um eine Prothese zu erhalten und gehen zu lernen.
Wir mußten uns entscheiden, auf welche Abteilung wir sie legen sollten; ihrem Alter nach hätte sie zu den Kindern in der Baby-Abteilung gehört; wir hatten jedoch Bedenken, so kleine Kinder mit einem einbeinigen Neuankömmling zu konfrontieren. In diesem Lebensalter spielen bei allen Kindern Kastrationsängste eine beherrschende Rolle, und wir waren der Meinung, daß unsere kleinen Patienten, denen schon die eigenen Gebrechen zu schaffen machten, nicht in der Lage sein würden, auch noch dieses Erlebnis zu bewältigen. Deshalb entschieden wir uns für die Mädchenabteilung mit Kindern von sieben bis zwölf Jahren, wo Connies besondere Lage mit der Gruppe und mit jedem einzelnen Kind offen besprochen werden konnte.
Als Joyce (Kapitel 13) vom Zustand Connies erfuhr, rief sie mir leise zu: »Komm doch mal her – sie haben es ihr wirklich abgeschnit-

ten – einfach so? (Sie machte eine entsprechende Handbewegung.) Du meinst, sie wußten, daß das Bein nichts mehr wert war – ja? Und es wächst kein anderes nach? Wie kommt sie denn damit zurecht? Ich möchte wahrhaftig nicht, daß mir das passiert! Wegen Arthritis schneiden sie kein Bein ab, nicht wahr?« Ich beruhigte sie darüber, sie ließ jedoch nicht locker: »Es könnte aber doch sein; ich könnte einen Autounfall haben. Na, das wird mir nicht passieren.«

DIANA, ein zwölfjähriges, paraplegisches Mädchen, war voll Mitgefühl: »Wenn man sich das vorstellt: ein kleines Kind, das mit nur einem Bein aufwächst und nie wissen wird, wie es ist, wenn man zwei hat!« Diana war dem kleinen Mädchen zugetan, als ob es eine kostbare Puppe wäre, die durch ein Wunder mit einem Bein würde gehen können. Sie beobachtete die Fortschritte der Kleinen mit großer Freude und noch größerem Mitgefühl, als wäre Connie ein zerbrochenes Spielzeug, das man nie mehr ganz richtig instand setzen konnte.

Connie blieb nur kurze Zeit im Rainbow-Krankenhaus, und obwohl alle Kinder sie als das liebenswerte kleine Kind behandelten, das sie war, konnte man das erleichterte Aufseufzen beinahe hören, als sie entlassen wurde.

Für uns war es lehrreich, die Reaktionen der Kinder zu beobachten und zu erörtern und die Kluft zu ermessen, die für sie gefühlsmäßig zwischen ihrer eigenen körperlichen Beeinträchtigung, ja sogar dem vollständigen Funktionsverlust von Gliedern, und dem tatsächlichen Verlust eines Gliedes bestand. Wir fragten uns, ob es zum Beispiel Diana klar war, daß sie nie würde gehen können, obwohl sie im Besitz beider Beine war, während die »kleine zerbrochene Püppe« sich schon bald auf ihrer Prothese herumbewegen würde.

Es war auch von Interesse für uns, daß Roberts Gebrechen für die anderen Kinder leichter zu akzeptieren war als dasjenige Connies. Auch wenn Robert nicht sehen und hören konnte, so hatte er doch Augen und Ohren, wie sie Beine und Arme hatten, die sie nicht benutzen konnten. Vor allem *sah er aus* wie sie selber, und das Fehlen einer sichtbaren äußeren Verschiedenheit machte die teilnehmende Identifizierung mit ihm eher möglich. Im Falle Connies kam die Identifizierung mit ihrem Gebrechen gar nicht in Frage, und die einzigen hilfreichen Abwehrmechanismen, auf die die Mädchen zurückgreifen konnten, waren eine mütterliche, beschützende Einstellung ihr gegenüber sowie Stolz auf ihre Fortschritte.

Tod

In Rainbow, einem Krankenhaus für Genesende, blieb den Kindern für gewöhnlich das Erlebnis erspart, ihre Freunde durch den Tod zu verlieren. Im Falle schwerer Rückfälle wurden die Patienten vor dem Ende in die Säuglings- und Kinderklinik verlegt. Solche Verlegungen kamen auch aus vielerlei anderen Gründen häufig vor und beunruhigten die Kinder nicht. Sie wußten, daß diese Patienten entweder nach einiger Zeit wieder ins Rainbow-Krankenhaus zurückkehrten oder vielleicht auch aus der Kinderklinik direkt nach Hause entlassen wurden. Sie waren also gleichermaßen darauf vorbereitet, sie wiederzusehen oder nicht.

Der Tod des elfjährigen SAMMY war deshalb ein ungewöhnliches Ereignis. Sammy, der an Muskeldystrophie litt, ging es eines Tages schlechter, und man traf die nötigen Vorbereitungen, um ihn am nächsten Morgen in die Kinderklinik zu bringen. Bevor jedoch seine Verlegung durchgeführt werden konnte, starb er ganz plötzlich.

Wie sonst während der ärztlichen Untersuchungen im Krankensaal üblich, wurden die Vorhänge um Sammys Bett zugezogen. Die diensttuende Schwester sagte den Kindern, der Arzt wolle Sammys wegen Ruhe im Saal, und schickte sie zu mir zum Spielen. Sie entfernten sich merkwürdig eilig, aufgeregt, laut und kichernd. Bei mir spielten sie in sehr gehobener Stimmung, als wären sie in einer gelungenen Kindergesellschaft – ein Benehmen, das bei Kindern unter tragischen Umständen dieser Art nicht ungewöhnlich ist. Als sie zum Mittagessen zurückkamen, hatte Sammy die Station verlassen.

Gemäß der Krankenhausroutine hatten die Schwestern ihr Bestes getan, um ihre Patienten zu beschützen und zu verhindern, daß ihre Ängste geweckt wurden. Sie waren jedoch selber über Sammys Tod bestürzt, was die anderen Kinder zweifellos spürten. Denn sie begannen, Geld zu sammeln, um Sammy Blumen zu schicken, was sonst nie vorkam, wenn ein Kind die Abteilung verließ. Offenbar hatten sie die Wahrheit erraten.

Ich persönlich zweifelte, ob sie ihre Absicht auch ausführen würden, und die Ereignisse gaben mir recht. Die 47 Cents, die sie gesammelt hatten, verschwanden während der Ruhezeit auf geheimnisvolle Weise, und offenbar war niemand besonders darauf aus, das Geld wiederzufinden. Vielleicht hatten die Kinder das Gefühl, daß sie ihren Tribut entrichtet hatten und die Absicht als solche genügte, um ihre Ängste zu beschwichtigen.

Man kann uns den Vorwurf machen, wir seien bei Sammys Tod den Kindern gegenüber nicht aufrichtig gewesen; dann müssen wir uns schuldig bekennen. Wahrscheinlich hätte ich, falls mich ein Kind direkt gefragt hätte, wahrheitsgemäß geantwortet; aber niemand stellte die Frage, und es widerstrebte mir, die Auskunft aus freien Stücken zu geben. Sammy war nicht unser einziger Patient mit Muskeldystrophie. Es schien mir unnötig, seine Mitpatienten darauf aufmerksam zu machen, daß ihnen möglicherweise der gleiche tödliche Ausgang bevorstand.

Wir wissen nicht, was richtig ist, wenn wir vor der Aufgabe stehen, ein Kind auf den Tod vorzubereiten, sei es der Tod eines Mitpatienten, sei es der eigene Tod. Für die Kinder selber bedeutet der Tod nicht viel mehr als die Vorstellung des »Wegseins«, des »Verschwundenseins«. Für die Erwachsenen, die den Tod eines kleinen Kindes mitansehen müssen, bleibt er ein widernatürliches Geschehen, ein Erlebnis, das für viele fast unfaßbar ist.

Jedesmal, wenn ein Kind auf der Abteilung todkrank ist, und vor allem, wenn die Verschlechterung seines Zustandes langsam erfolgt, fragen wir uns, was das beste Verhalten ist, da ja weder Offenheit noch Aufmunterung der Lage auch nur im entferntesten gerecht werden. Die einzige Antwort, die wir finden konnten, war die, dem Kind zu helfen, all sein Auf und Ab voll und in normaler Weise zu durchleben, solange Leben da ist, das heißt, jede Einzelheit seiner Krankheit, einschließlich der Verschlimmerung, als einen Teil seines Lebens zu behandeln, mit dem man als solchem, nicht als Vorbereitung auf den Tod, fertig werden muß. Soweit Kinder nicht aus der Reaktion der Eltern die Nähe des Todes erraten, fühlen sie selbst nur die Abnahme ihrer Kräfte und das Schwinden jeder Lebenslust. Alles, was der Erwachsene dann noch tun kann, ist, daß er dem Kind erlaubt, sich gehenzulassen und den hoffnungslosen Kampf mit der Krankheit aufzugeben.

10. Mißverstehen von Krankheit als Strafe

Im Geiste vieler Kinder ist der Glaube fest verankert, Krankheiten seien selbstverschuldet, die wohlverdiente Strafe für alle Arten von

Schlimmsein, Ungehorsam, Nichtbefolgung von Geboten, Mißachtung von Verboten, körperlichem Mißbrauch. Warnungen der Eltern vor Leichtsinn und Sichgehenlassen, moralische Geschichten und religiöse Lehren über Sünde und Vergeltung geben, wo immer sie vorkommen, diesen Überzeugungen autoritative Unterstützung – Überzeugungen, die in dem Schuldgefühl verwurzelt sind, das aus den üblichen sexuell-aggressiven Impulsen der Kindheit und ihrer Entladung in der Masturbation resultiert. Solche irregeleiteten Vorstellungen mögen, auch wenn sie Bestürzung hervorrufen, für das körperlich gesunde Kind von geringerer Wichtigkeit sein; sie bekommen jedoch beim ernsthaft kranken Kind überragende Bedeutung, da sie seine Kraft, gegen die Krankheit anzukämpfen, untergraben, indem sie eine falsche, masochistische und krankhaft passive Einstellung gegenüber dem Leiden schaffen.

Bei uns im Krankenhaus wurde diese Vorstellung des »Schlimmseins«, die wiederholt in den verschiedensten Formen auftauchte, für uns bald zu einer wohlbekannten Erscheinung.

Ernest, ein bezaubernder achtjähriger Junge, der nach einem Anfall von Gelenkrheumatismus mit Anzeichen von Chorea ins Krankenhaus gekommen war, betrachtete Hospitalisierung und Behandlung als Folge dessen, daß er »schlimm« gewesen war. Wahrscheinlich war das der Grund dafür, daß er still und folgsam war.

Er gestand mir, wie sehr es ihn aus der Fassung gebracht hatte, daß zwei Jungen auf der Station sexuelle Spiele vorführten. Sie seien ebenso böse, sagte er, wie die Kinder auf der Straße, mit denen er vor seiner Krankheit gespielt hatte. Er wolle nichts mehr mit ihnen zu tun haben, denn was sie taten, »war schlimm und gefährlich«. Daran schloß sich folgende Unterhaltung zwischen uns an:

Ich fragte: »Was ist schlimm und gefährlich?«

Ernest: »Damit spielen.«

»Warum soll es gefährlich sein?«

»Weil es gefährlich ist, es anzufassen, weil man Bazillen darauf kriegen kann.«

»Wo hast du Bazillen?«

»An meinen Händen.«

»Schaden sie deinen Händen?«

»Nein, aber wenn ich es mit den Händen anfasse, könnten Bazillen draufkommen.«

»Warum sollten Bazillen auf einem anderen Teil des Körpers schädlicher sein als auf den Händen?«
»Ich weiß nicht, aber man darf es nicht anfassen, weil die Bazillen einen krank machen können.«
»Alle Kinder fassen es an und werden nicht krank davon. Wenn sie krank werden, dann nicht deshalb – und du bist nicht krank, weil du es angefaßt hast. Wie heißt ›es‹ eigentlich wirklich?«
»Ich weiß nicht.«
»Wie nennen es die Jungen auf der Station?«
»Wiener.«
»Sagst du auch Wiener dazu?«
»Ja.«
»Das ist der Name, den viele Kinder benutzen. Erwachsene nennen es ›Penis‹.«
Das ängstigte Ernest noch mehr, und er sagte verwirrt: »Penis? Du sagtest, es sei Penis? Aber dann wird man wirklich krank davon, wenn man es anfaßt, denn Gary hat es angefaßt, und er wurde krank, und man hat ihm *Peni*cillin gegeben.«
Ernests Besorgnis wegen der Ähnlichkeit zwischen den Wörtern »Penis« und »Penicillin«, die für den Erwachsenen fast wie ein Kalauer klingt, ist tatsächlich für dieses Kind eine ernste Sache. Kinder mit Gelenkrheumatismus leben unter der ständigen Bedrohung einer Infektion, und ein großer Teil ihrer Behandlung dreht sich darum, eine Infektion zu vermeiden. Selbst das Ziehen eines Zahns verlangt als Vorsichtsmaßnahme eine Penicillinspritze, da jede Infektion einen schweren Rückfall auslösen kann. Während solche Kinder einerseits in reichlichem Maße realistisches Wissen über solche ärztliche Vorsichtsmaßnahmen erwerben, heften sich andererseits an die gleichen Dinge die üppigsten Wucherungen ihrer Phantasie und ihres Masturbations-Schuldgefühls.

Ruth, neun Jahre alt, kam nach Rainbow mit einem rheumatischen Herzleiden, dessentwegen sie strikte Bettruhe halten mußte. Sie klagte nie. Sie habe sich stets bemüht, sagte sie uns, das »bravste« von den vier Kindern der Familie zu sein, denn »Mutter und der liebe Gott wissen immer Bescheid über die Sünden der Kinder«. Manchmal war auch sie schlimm gewesen, aber nicht wie die Jungen, und doch war sie es, die krank wurde, und das betrachtete sie als ungerecht. Die Erinnerung, daß sie masturbiert hatte und daß dann ihr Herz zu »hämmern« begann, plagte sie; sie glaubte, das sei der Grund, daß sie ein

schlimmes Herz hatte. Wenn sie mit mir darüber sprach, schien das ihr Gewissen vorübergehend zu erleichtern und sie zu beruhigen.
Wir nahmen unsere Unterhaltungen wieder auf, als ich sie auf die operative Mandelentfernung vorbereitete, der sie gefaßt entgegensah, mit Ausnahme der Angst, »im Schlaf zu reden« und zu »verraten«, was sie dachte. Ich versicherte ihr wiederum, daß nicht das Masturbieren sie krank gemacht hatte und daß sie wahrscheinlich in der Narkose nicht sprechen würde, vor allem dann nicht, wenn sie sich darüber keine Sorgen mehr machte. Aber anstatt ihre Ängste zu beschwichtigen, wurden meine Versicherungen als Verführung zum Schlimmsein genommen und entsprechend behandelt. Sie kehrte in feindseliger Stimmung nach Rainbow zurück; sie teilte mir mit, ihr Vater sei vor der Operation bei ihr gewesen und habe ihr gesagt, sie brauche sich nicht zu fürchten, der Herr werde bei ihr sein und sie beschützen, wenn sie keine Sünden habe. Sie habe deshalb den Entschluß gefaßt, nie mehr zu sündigen, und der Herr werde sie beschützen, und sie werde nie mehr krank sein.

»Schlimmsein« spielte auch eine wichtige Rolle im Falle von Cindy, die viereinhalb Jahre alt und wegen Guillain-Barré-Syndrom im Krankenhaus war. Sie war eine schwierige Patientin, wahrscheinlich wegen einer traumatischen Ausspritzung ihrer Ohren, als sie drei war; in Zusammenhang mit dieser Ausspritzung hatte sie heftige Schmerzen und ein geschwollenes Gesicht gehabt. Seit damals hatte sie große Angst vor Ärzten und geriet, wie ihre Eltern berichteten, bei jedem Arztbesuch und jeder Injektion in Panik, so daß »man sie kaum festhalten konnte, denn sie wehrte sich wie eine Verrückte und schrie, sie werde auch immer lieb sein, wenn man ihr nur nichts tue«.
Cindy war ein gescheites und hübsches kleines Mädchen; sie war ihren Eltern erst nach sechzehnjähriger Ehe geschenkt worden. Die Eltern hatten zunächst große Freude an ihr, dann aber machte ihnen Cindys aggressives Verhalten Sorgen und entmutigte sie; sie bestraften das Kind streng, wodurch natürlich nichts besser wurde. Der Vater sagte wiederholt: »Sie ist schlimm, sie ist wirklich schlimm.« Cindy selber wiederholte oft und ganz von allein, sie sei krank und müsse im Krankenhaus bleiben, weil sie »ein böses Mädchen« sei.
In Wirklichkeit wechselte Cindys Verhalten im Krankenhaus, sie zeigte sowohl positive als auch negative Einstellungen. Wenn ich ihr nach einer Sitzung bei mir ein Spiel oder eine Handarbeit zum Fertigmachen

auf die Station mitgab, sagte sie dankbar: »Danke, danke, vielen Dank, da habe ich etwas zu tun und stelle nichts an.« Ein andermal agierte sie ihre Feindseligkeit gegen ihre Mutter im Spiel aus, stopfte eine Mutter-Puppe mit Gewalt in einen kleinen Wagen und sagte: »Mütter können krank sein. Sie kann im Wagen sitzen. Sie kann im Krankenhaus sein.« Sie erklärte auch, sie müsse »immer, immer« streiten – mit ihrem kleinen Freund, weil er sie neckte, mit Geistern, »weil sie hinter einem her sind, wenn man böse ist«. Einmal schob sie ihr Bett neben ein schwerkrankes, hilfloses Baby und warf ihm ein Kissen aufs Gesicht; sie erklärte dann, sie habe sein Weinen nicht mehr aushalten können. Sie müsse mit den Kindern auf der Station streiten, sagte sie, weil sie ihr Angst machten. »Ich habe Angst vor ihnen. Sie sind sehr krank, und ich werde von ihnen noch kränker ... Ich bin von einem anderen bösen Kind krank geworden, weil *ich* böse bin. Das Baby ist sehr krank, und es ist sehr böse, es weint die ganze Zeit.« Cindy hatte, als sie wegen Infektionsgefahr isoliert werden mußte, erfahren, daß es Ansteckung gibt. Aber in ihrem Geist waren Kranksein und »Schlimmsein« hoffnungslos durcheinandergeraten, so daß Kinder, die kränker waren als sie selber, als böse, »ansteckende« Einflüsse abgewehrt werden mußten.

Ein weiteres Beispiel der gleichen Verwechslung bot ELIZABETH, zehneinhalb Jahre alt. Sie litt an akutem rheumatischem Fieber, war großgewachsen, etwas dicklich, still und scheu, sprach leise, war wohlerzogen und klagte nicht. Ihre Mutter, Witwe eines Mannes, der Alkoholiker gewesen war, hatte die vier Kinder zu Pflegeeltern geben müssen. Elizabeth selber war mehrere Jahre lang in der Pflege eines liebevoll bemühten, älteren italienischen Ehepaares gewesen und behauptete, sie sehe ihrer Pflegemutter ähnlich, was auch tatsächlich zutraf. Trotzdem befand sie sich in einem Loyalitätskonflikt zwischen der Anhänglichkeit an ihre wirkliche Mutter und der an ihre Pflegemutter, hegte unrealistische Erwartungen, daß ihre wirkliche Mutter sie »nach Hause« holen werde, und behauptete, in der Betreuung ihrer eigenen Mutter wäre sie nie krank geworden usw.
Nachdem sie einige Zeit auf der Station war, wurde berichtet, Elizabeth sei zunehmend unruhiger und unglücklicher geworden. Man führte das auf ihren Zustand zurück, der sich nicht gebessert hatte. Es stellte sich jedoch heraus, daß sich ihre Klagen in Wirklichkeit gegen ein anderes Mädchen auf der Station richteten, das sie anfangs gern gemocht

hatte. Dieses Mädchen, das selber hilflos war, verlangte Unterstützung, worauf Elizabeth erregt reagierte: »Ich kann nicht. Ich soll es nicht, und es schadet mir.« Oder, wenn ihre Freundin sich abends mit ihr unterhalten wollte: »Ich kann nicht. Ich soll es nicht, und sie wird wütend auf mich, wenn ich versuche zu schlafen. Wenn ich rede, kann ich nicht ausruhen, und dann kann es mir auch nicht besser gehen.«
Nach Rücksprache mit beiden Mädchen wurden ihre Betten voneinander getrennt; es stellte sich jedoch schließlich als unmöglich heraus, einen Platz zu finden, der Elizabeth behagte. Sie hatte Angst davor, nachts ein Fenster zu sehen; sie hatte Angst davor, den Regen zu hören; sie konnte es nicht ertragen, während des Gewitters die Blitze zu sehen; die Schatten von Zweigen, die sich bewegten, erschreckten sie usw.
Als nächstes gestand sie mir, sie habe immer davor Angst, der Schatten könne der eines Mannes sein. Sie sei nie mehr im Dunkeln allein ausgegangen, sagte sie, seit ihr ein Mann nachgegangen war, der sich vor ihr entblößte. »Wenn ich zu einem Fenster hinausschaue und einen Schatten sehe, *muß* ich einfach weiter hinsehen, und das erinnert mich an damals, und ich komme ganz durcheinander, und dann klopft mein Herz schnell. Das ist der Grund, warum es mir nicht besser geht.« In ähnlicher Weise schilderte sie ihre Erregung, wenn sie im Radio Kriminalspielen zuhörte. »Ich finde es gräßlich, aber doch *muß* ich einfach dauernd zuhören. Ich muß an jenen Mann denken und werde immer aufgeregter, und mein Herz schlägt schneller und schneller. Ich weiß, ich sollte nicht zuhören wegen meines Herzens, aber ich kann es nicht seinlassen.«
Auf der Station war bekannt, daß Elizabeths Freundin übermäßig masturbierte, und sie selber gab zu, daß auch sie »vor langer Zeit« das gleiche getan hatte. »Bekommt man ein schwaches Herz, wenn man es so schnell schlagen macht? Das schlimmste ist, daß ich es nicht leicht nehmen kann, weil ich das Radio nicht aufgeben kann, weil ich es so gern habe. Und wenn ich Radio höre, werde ich ganz aufgeregt und bekomme Angst davor.«
Inzwischen war Elizabeth in der Lage, zur Schule zu gehen, durfte aber sonst noch nicht auf sein, weil ihre Blutsenkung noch nicht in Ordnung war. In ihren Gesprächen mit mir gab sie als nächstes ihrer Besorgnis über die Menstruation Ausdruck, das heißt der Vorstellung von »schlechtem Blut«, das man in der Menstruation ausscheiden muß. Würde sie je imstande sein, schlechtes Blut auszuscheiden? Sie hatte Angst vor der Entnahme einer Blutprobe, aber nicht vor dem damit

verbundenen Schmerz. »Nein«, sagte sie, »das ist es nicht. Ich hasse es, weil ich nicht weiß, was sie über mein Blut herausfinden wollen. Können sie herausfinden, ob Blut schlecht ist?«

Ich erinnerte sie daran, daß ich ihr schon früher gesagt hatte, daß es so etwas wie »schlechtes Blut« nicht gibt. Wir sprachen auch erneut über den Vorgang der Blutentnahme zur Bestimmung der Blutsenkungsgeschwindigkeit.

Elizabeth beharrte darauf, daß man noch andere Dinge als die Blutsenkungsgeschwindigkeit herausfinden könne, und das machte ihr Sorge. Sie erzählte, sie habe von einem Zeitungsartikel gehört, der berichtete, daß man durch die Untersuchung von Blutproben herausfinden könne, ob ein Mann der Vater eines Kindes ist. Sie fragte: »Ist es wahr, daß man feststellen könnte, daß der Vater das gleiche Blut hat wie das Kind?«

Ich erklärte ihr, daß das zutraf – daß bestimmte Blutmerkmale das beweisen können.

Elizabeth fragte: »Wenn der Vater schlechtes Blut hätte, hätte es dann auch das Kind?«

Schließlich kam ihre eigentliche Sorge, die hinter all dem steckte, zum Vorschein. Sie hatte in der Schule gelernt, daß die Indianer schlecht seien, weil sie Weiße umgebracht hatten. »Sie haben eine rote Haut, und das kommt von ihrem Blut, das anders ist als das der Weißen. Mein Vater war Indianer – aber ich will nicht, daß irgend jemand weiß, daß ich einen schlechten Vater hatte. Könnten Sie das aus meinem Blut herausfinden?« Offensichtlich hatte sie öfter gehört, wie man ihren Vater wegen seiner Trunksucht »schlecht« genannt hatte.

Nach dieser Enthüllung ihres »düsteren Geheimnisses« und meinen beruhigenden Erklärungen (daß Indianer nicht schlechter seien als Weiße, daß es bei Kämpfen immer zu Tötungen komme, daß niemand ihre indianische Abstammung herausfinden könne, aber selbst wenn das geschähe, es gar nichts ausmachen würde usw.), kam Elizabeth allmählich zur Ruhe. Sie bemühte sich wieder, wie eine kleine Italienerin auszusehen, das heißt, wie eine »gute« Person, und wollte selber unter allen Umständen »gut« sein. Sie wurde aber auch gelöster und aufgeschlossener – und interessanterweise ging ihre Blutsenkungsgeschwindigkeit zum erstenmal rapid zurück. Noch bevor die Blutsenkung wieder ganz den Normalwert erreicht hatte, hielt man die Besserung in Elizabeths Befinden für hinreichend fortgeschritten, um sie entlassen zu können.

Ich hörte später, daß sie in ihrem Verhalten ganz selbstsicher und ausgeglichen wurde und daß ihre Pflegeeltern stolz auf sie waren und viel Freude an ihr hatten.

11. Verleugnungen, Regressionen, andere Abwehrmaßnahmen sowie konstruktive Hilfsmittel

Alle Kinder sind während ihrer Persönlichkeitsentwicklung äußeren und inneren Gefahren ausgesetzt; sie müssen lernen, ihnen mit Hilfe ihrer Abwehrmechanismen zu begegnen. Unsere jungen Patienten jedoch standen noch unter der zusätzlichen Belastung durch chronische Krankheit mit der damit verbundenen Bedrohung von Gesundheit und Leben, ferner durch Schmerz, Frustration und Entbehrung. Kein Wunder, daß ihre Kräfte bis zum äußersten angespannt und der Aufgabe nicht immer gewachsen waren. Kam man ihnen zu Hilfe, so mußte man gleichzeitig ihre eigenen Methoden und Kunstgriffe respektieren. Einem physisch gesunden Kind kann man in der Psychotherapie die primitive Verleugnung ersparen, es kann der Angst widerstehen, und man kann erwarten, daß es in der Folge auf reifere Abwehrmaßnahmen zurückgreift; hingegen ist das Gleichgewicht, das sich die chronisch kranken Kinder geschaffen haben, außerordentlich labil und gefährdet. Wird das Kind gezwungen, übermäßiger Angst ohne Verteidigung entgegenzutreten, so stürzt es möglicherweise in völlige Verzweiflung und Hoffnungslosigkeit. Aus diesem Grund ging ich folgendermaßen vor: ich folgte dem Kind auf dem von ihm selbst gewählten Weg, stellte mich auf seine Anpassungen ein und half ihm, auf seine eigene Weise Hindernisse zu überwinden und Ängste aufzuklären und ganz allmählich und mit der geringstmöglichen Störung zu einer neuen, weniger verzerrten Sicht der Situation zu gelangen.

Verleugnung und Alpträume

Betty, ein zehnjähriges Mädchen, zog sich in den Ferien bulbäre Kinderlähmung zu und erkrankte lebensgefährlich; fast das ganze erste Jahr nach dem Ausbruch der Krankheit war sie völlig gelähmt, lebte in einer ›eisernen Lunge‹ und blieb lange Zeit auf der Liste der in akuter

Lebensgefahr Befindlichen. Da die Verlegung in ein ihrem Elternhaus näher gelegenes Krankenhaus unmöglich war, entschloß sich die Mutter, als Hilfskraft im Krankenhaus zu arbeiten, um in der Nähe ihres Kindes zu sein. Sie sagte aus, Betty sei während ihrer langen akuten Phase die beliebteste Patientin gewesen, weil ihre Zuversicht und ihr Wille zum Gesundwerden für alle ein Ansporn waren. Sie war eine große Hilfe bei der Behandlung anderer Kinder, und es gelang ihr oft, sie zur Kooperation zu bewegen, wo andere scheiterten.

Als Betty nach Rainbow kam, bestätigte sich die Schilderung ihrer Mutter in vollem Umfang. Sie war ein reizendes Kind, freundete sich leicht an, und nichts schien ihr Kummer zu bereiten. Sie sagte vielmehr: »Ist es nicht ein Wunder, wie gut es mir geht?« Inzwischen hatte sie ihre Muskelkraft fast völlig wiedererlangt und bewegte sich anmutig umher. Nur eine Beeinträchtigung blieb: sie konnte die Augenmuskeln nicht gebrauchen und mußte deshalb den Kopf in eigentümlicher Weise bewegen. Sehr wahrscheinlich war ihre eigene Ichstärke der Grund für »das Wunder, daß es ihr so gut ging«.

Zwar ging es Betty den Tag über sehr gut, aber sie begann an Alpträumen zu leiden, in denen sie aufschrie. Die Ängste, die sie so erfolgreich verleugnet hatte, als diese im akuten Stadium ihrer Krankheit real und auf ihrem Gipfelpunkt waren, durchlebte sie jetzt in ihren Träumen aufs neue. Sie entschuldigte sich sehr wegen des »Lärms«, den sie machte, und befürchtete, die Mädchen würden sie jetzt weniger gern mögen, weil sie sie mit ihrem »dummen Schreien« störte.

Ich erklärte ihr, sie werde vielleicht in der Lage sein, dem Schreien ein Ende zu setzen, wenn sie sich an ihre Träume erinnern und herausfinden könne, was ihr wirklich Kummer mache. Sie beharrte jedoch noch ziemlich lange darauf, daß sie keine Träume habe, daß nichts ihr Kummer mache und daß sie sich wohl fühle. Nach einiger Zeit aber kam sie und berichtete mit einem zaghaften Lachen, daß sie wieder geschrien habe und sich diesmal an ihren Traum erinnere. Sie konnte jedoch nicht glauben, daß ein so törichter Traum sie zum Schreien bringen könne. Sie sagte:

> »Ich war in der Badewanne. Ich wollte heraus, konnte aber nicht. Ich rief nach meiner Mami. Sie kam nicht. Ich schrie und schrie. Das ist alles.
>
> Warum sollte ich mich vor einer Badewanne fürchten? Als ich im Krankenhaus war, habe ich mich nie so gefürchtet. Ich habe mich nie so gefürchtet wie in der Badewanne. Ich wußte, was im Krankenhaus

vorging. Ich half allen. Ich half allen Kindern. Ich half Ruth. Sie wollte nur mir zuliebe essen. Wenn man aus der ›eisernen Lunge‹ herauskommt, meint man, man müsse sterben, man kann nur eine Minute lang draußenbleiben. Man kann nicht atmen. Man gewöhnt sich daran. Es geht mir so gut, weil mein Doktor Bescheid wußte und mich nur eine Minute lang rausließ, bis ich mich daran gewöhnt hatte. Ich half Ruth. Sie wußte es nicht – sie war erst vier.«

Ihre Stimme wurde lauter und lauter, und schließlich erzählte sie mir, fast schreiend, wie Ruth eines Nachts aus der ›eisernen Lunge‹ herausgenommen wurde; sie wußte, daß Ruth nicht so lange außerhalb leben konnte, und sie wußte deshalb auch, daß ihre kleine Freundin gestorben war. Alle hatten ihr einzureden versucht, daß es nicht so sei, aber schließlich sagte sie, wahrscheinlich schreiend, wie sie in der Nacht geschrien hatte: »Keiner kann mich hinters Licht führen. Ich weiß, daß sie tot ist, und ich kann nicht verstehen, warum ich am Leben bin.« Sie fügte hinzu, wenn sie erwachsen sei, werde sie Kinderärztin oder Krankenschwester werden, weil sie wisse, wie es ist, wenn man sich fürchtet, wenn man Angst vor dem Sterben hat und nicht imstande ist, »selber etwas für sich zu tun«.

Wahrscheinlich war es das erstemal, daß Betty sich selber erlaubt hatte, verzweifelt über den Verlust ihrer kleinen Freundin zu weinen, und sich auch nicht dagegen gewehrt hatte, ihrer eigenen Angst ins Gesicht zu sehen, der Tatsache nämlich, daß sie sich in der gleichen Gefahr befunden hatte. Während der restlichen Zeit, die Betty in Rainbow verbrachte, hatte sie keine Alpträume mehr. Aber interessanterweise gefiel es ihr jetzt nicht mehr in Rainbow, und während sie noch kurz vorher ganz zufrieden und glücklich gewesen war, begann sie jetzt zu nörgeln, wurde kritisch und schuf Schwierigkeiten zwischen Klinikpersonal und Eltern. So unerfreulich es für das Personal war, mit diesen Unannehmlichkeiten fertig zu werden: für Betty selber war es ein wichtiger Schritt zur Aufdeckung einiger der Ängste, die sie vorher nicht zu erkennen vermocht hatte. Die Verdrängung ihrer Gefühle und die Leugnung ihrer Angst hatten es ihr ermöglicht, zur perfekten Patientin zu werden und sich so gut im Krankenhaus einzurichten. Jetzt, da die Abwehrmittel der Verdrängung und der Verleugnung unwirksam geworden waren, wurde sie auch ihrer Abneigung dagegen gewahr, im Krankenhaus sein zu müssen, und ihrer Unzufriedenheit mit den Unzulänglichkeiten des Krankenhauslebens.

Verleugnung durch Phantasie

Sophia, ein sehr hübsches, dreizehnjähriges Negermädchen, lag im Anschluß an eine Wirbelsäulenfusion schon seit fast sechs Monaten in einem Körper-Gipsverband, als sie ein Bild zeichnete, in dem sie sich als schöne blonde Tänzerin darstellte. Obwohl die Phantasie kaum weiter von der Wahrheit hätte entfernt sein können, half sie ihr doch, die frustrierende Wirklichkeit ihrer Situation anzunehmen.

Rückzug und Umkehrung

Donna[1], zehn Jahre alt, die an Tuberkulose der Wirbelsäule litt, erlebte viele traumatische Prozeduren während ihres langen Krankenhausaufenthalts. Allmählich verwandelte sie sich aus einem lebhaften, kontaktfreudigen Kind, das auf seiner Station die führende Rolle spielte, in eine stille, in sich zurückgezogene, fügsame Patientin, die sich für nichts mehr außer für ihre eigene Krankheit interessierte. Als ihr Zustand sich verschlimmerte, mußte sie isoliert werden. Sie spürte wahrscheinlich die Sympathie und die Teilnahme, die sie erweckte; sie kehrte dann die Rolle der Teilnahme um und war sehr bemüht, anderen zuzureden, daß sie auf sich achten und die Vorschriften der Isolierung befolgen sollten. »Du mußt einen Umhang tragen, du mußt dir die Hände waschen«, schärfte sie ihren Besuchern ein. Auf diese Weise gelang es ihr, sich von ihrer Sorge um sich selbst und von den Ängsten abzuwenden, die ihr Zustand heraufbeschwor. Sie betonte, sie sei ganz zufrieden – sie war lieber allein und abseits von allem, was ihr früher wichtig gewesen war. Sie war fest entschlossen, Nonne zu werden, und erklärte: »Es ist besser, ein hartes Leben zu führen. Eine Nonne kann nicht ausgehen, sie muß auf einem harten Bett schlafen und hart arbeiten. Sie muß ohne Vater und Mutter leben. Und wenn wir ein hartes Leben leben, ist der Herr mit uns.«

Es wäre sinnlos gewesen, das Kind bei seiner primitiven Affektumkehrung zu stören. Durch das demonstrative Dartun »Das will ich, das habe ich selbst gewählt« gewann sie das Gefühl, ihr eigenes Schicksal zu meistern, und fand die Kraft, die ihr auferlegte Not zu tragen.

[1] Weiteres Material über Donna findet man in den Kapiteln 6 und 8.

Anpassung durch Regression

Es gibt andere Formen der Anpassung an die Krankheit, die den Gesundungsprozeß eines Kindes so sehr beeinträchtigen, daß man es nicht unterlassen darf einzugreifen. Die wichtigsten dieser Anpassungsformen sind die regressiven Bewegungen, die von seiten kranker Kinder vollzogen werden.

Als HARRIET[2], zehn Jahre alt, an einer äußerst schweren Kinderlähmung erkrankte, wurde ihr zum erstenmal in ihrem Leben wirkliche Betreuung zuteil. Von der eigenen Mutter vernachlässigt, war sie im Alter von fünf Monaten zum erstenmal zu Pflegeeltern gekommen und war dann bei vielen Pflegefamilien herumgereicht worden, ohne irgendwo ein wirkliches Zuhause zu finden. Während sie sehr schwer krank und in ihrer Bewegungsfreiheit eingeschränkt war, glitt sie in die passive Hilflosigkeit eines Kleinkindes zurück; in diesem Zustand war sie leicht zu pflegen und in gutem Kontakt mit dem Pflegepersonal. Während ihrer Rekonvaleszenz in Rainbow, als mehr Aktivität und Selbständigkeit von ihr erwartet wurden, fühlte sie sich wieder verlassen und verloren und kehrte von neuem zu der mürrischen Unzufriedenheit zurück, die sie früher gezeigt hatte.
In ihrem Fall gab es viele Hinweise darauf, daß sie bereit war, die physische Besserung einer als angenehm empfundenen Abhängigkeit zu opfern. Bei ihr bestand deshalb die Aufgabe darin, sie allmählich dahin zu bringen, diese ihre eigenen Kräfte lähmende Regression aufzugeben.

Ein Beispiel für eine erfolgreiche Meisterung der Situation

DAVE, neun Jahre alt, war ein ausgezeichnetes Beispiel für konstruktive Affektumkehrung, Resignation, Einsicht und Meisterung der Situation durch Witz und Humor. Als er in Rainbow seine Rekonvaleszenz nach Kinderlähmung begann, war sein gesamter Körper noch sehr in Mitleidenschaft gezogen, und er war noch sehr schwach. Er war sich der Gefahr, in der er sich befand, in vollem Umfang bewußt und durchaus imstande, seinen Gefühlen die Stirn zu bieten, obwohl er so tat, als seien sie nicht so wichtig. Am besten geben wir seine Geschichte in sei-

[2] Siehe auch Kapitel 7.

nen eigenen Worten wieder, so wie er sie als autobiographische Skizze mit elf Jahren niederschrieb, das heißt, zwei Jahre nach dem Ausbruch seiner Krankheit:

Logbuch meines Lebens

Ich wurde am 15. September 1943 in New Orleans im Staate Louisiana geboren. Papa war gerade aus der Luftwaffe entlassen worden und ging nach Berkeley in Kalifornien, um dort an der medizinischen Fakultät zu lehren. Mutter und ich blieben in Louisiana, bis er für uns eine Wohnung gefunden hatte. Hinter unserem Haus war ein Altwasser. Mami und ich gingen oft dahin, um Pekannüsse zu sammeln; wir erfuhren erst später, daß es dort Korallenschlangen gab.

Als ich drei war, zogen wir nach Medina im Staat Ohio. Wir wohnten in der Stadt, bis ich mit der Grundschule fertig war; dann zogen wir in das Haus, wo wir immer noch wohnen. Hinter unserem Haus steht eine große Fichte; es machte mir viel Spaß, darauf herumzuklettern, besonders an Tagen, wo starker Wind herrschte. Tony [ein Freund] und ich machten häufig miteinander Ringkämpfe, und es gelang ihm immer, mich mit einer »Boston-Winde« zu erledigen. Eines Tages, als er mich mit diesem Griff in der Zange hatte, erwischte ich ihn mit einem Fußtritt und schleuderte ihn mit seinen ganzen 175 Pfund in hohem Bogen in ein Rosenbeet. Eines Tages kampierten Tony und ich draußen; er mußte zu einem Pfadfindertreffen, und ich paßte vier Stunden lang auf das Feuer auf. Es gefiel mir, so allein zu sein, ohne jede Gesellschaft, außer daß gelegentlich ein Flugzeug vorüberflog.

Am 12. Mai 1951 adoptierten wir ein sechs Monate altes Mädchen, das die Welt als Deborah kennenlernen sollte. Ungefähr einen Monat später adoptierten wir eine drei Monate alte Dachshündin, die die Welt als Herzogin von Vickie kennenlernen sollte.

Am Mittwoch, dem 13. Juli 1952, bekam ich Kinderlähmung. Schon seit Montag spürte ich im Rücken einen Schmerz. An dem Tag war ich mit Tony rudern und mußte erbrechen. Ich bat ihn, mich an Land zu setzen; als er mich abgesetzt hatte, rannte ich zu unserem Haus hinauf. Ich glaube, das war wahrscheinlich das letzte Mal, daß ich gerannt bin. Innerhalb einer Stunde war ich im Krankenhaus von Medina »eingebuchtet«. Man beschuldigte mich, Kinderlähmung zu haben. Ich mußte mich schuldig bekennen, und mein Urteil lautete: lebenslängliches Gefängnis in einem Rollstuhl. Als ich in der ›eisernen Lunge‹ war, im Koma, erinnere ich mich nur noch daran, daß ich durch ein kleines Loch oben an der ›eisernen Lunge‹ Plasma eingeflößt bekam. Während jener Tage in der ›eisernen Lunge‹ bestand meine einzige Unterhaltung darin, nach einem Ballon zu pusten, den meine Leute mir mitgebracht hatten und der über meinem Kopf befestigt war. Eines der schlimmsten Dinge, an die ich mich erinnere, war, daß ich eine Zeitlang nicht sprechen konnte, und weil ich nicht nach Wasser rufen konnte, wurde ich durstiger, als ich je gewesen bin. Ich war ungefähr sechs Wochen in der ›eisernen Lunge‹. Als diese Zeit um war, kam ich raus und in ein Bett in einem Zweibettzimmer. Ich erinnere mich, daß ich meinen Zimmerkameraden für einen Feigling hielt, weil er eine rosa Brille trug.

Als ich aus dem Krankenhaus von Medina entlassen wurde, durfte ich auf ein Wochenende nach Hause. Wir hatten einen Fernsehapparat gekriegt, während ich im Krankenhaus war, und ich schaute mir sämtliche Sendungen an. Als das Wochenende um war, kam ich ins Rainbow-Krankenhaus. Zur Feier meines Geburtstags stand ich zum ersten Mal auf, seit ich krank geworden war. Ich bekam eine böse Erkältung und wurde in die Kinderklinik geschickt. Dort verbrachte ich Weihnachten. Sie erlaubten, daß Debbie für diesen einen Tag mich besuchen kam. Ich kehrte nach Rainbow zurück und blieb dort, bis ich Anfang April in ein anderes Genesungskrankenhaus kam, das nicht so weit von daheim entfernt war.

Es wäre notwendig, ein Buch zu schreiben, um alles zu erzählen, was ich dort erlebte. Das Aufregendste, was geschah, solange ich dort war, war der »KRIEG« und seine Nachwirkungen. Eines Nachts sah einer der Nachtwächter in einem der Zimmer der Neger-Lazarettgehilfen Licht brennen. Er ging hinein und fand einen von den fleißigen Negern, der so spät noch über seinen Büchern saß. Das paßte ihm nicht, und er schlug den Neger. Er kam ohne Strafe davon, weil er ein Weißer und sein Opfer ein Schwarzer war. Eine schöne Gerechtigkeit, was?

Ein Neger, Herr M., der uns immer badete, war darüber wütend. Er sagte, er werde den Nachtwächter schnappen und ihn verprügeln. Er lauerte ihm eines Nachts auf, und alle wunderten sich, weil Herr M. der friedlichste Bursche war, den man sich denken konnte. Ich weiß nicht, was mit ihm geschah.

Ich blieb ungefähr ein halbes Jahr in diesem Genesungskrankenhaus. Danach kam ich nach Hause. Meine Arbeiten für die fünfte Klasse erledigte ich über ein telephonisches Verbindungssystem, das an die

Kingstonschule angeschlossen war. Ich ging wieder zu Dr. H., einem orthopädischen Chirurgen am Krankenhaus in Cleveland. Er hatte mich schon früher betreut, als ich in Cleveland war. Er sagte, meine Füße müßten operiert werden und meine Hände auch. Also kam ich in die Kinderklinik, und Dr. H. operierte meine Füße (was sich als Erfolg herausstellte). Ein anderer Arzt »machte« meine Hand (was erfolglos war). Ich kam für eine Weile nach Hause, bis es Zeit wurde, daß die Gipsverbände wegkamen. Nachdem man sie in der Kinderklinik abgenommen hatte, kam ich wieder nach Rainbow.

Rainbow hatte das beste Essen von allen Krankenhäusern, in denen ich je gewesen bin. Meine Physiotherapeutin war Frau K. Sie gehört zu den Besten in dem Geschäft. Die Tagesschwester war Fräulein T. Sie war ein prima Kerl. Sie war das Ideal einer Krankenschwester. Sie kümmerte sich überhaupt nicht um das, was man zu sagen hatte – sie machte sich ohne Federlesens an die Arbeit und tat, was sie wollte, auch wenn man wie am Spieß brüllte. Sie hatten eine großartige Bibliothek dort. Sie muß zwei- oder dreitausend Bücher gehabt haben. Es gab regelrechte Schulklassen in Rainbow. Alle Schüler in der sechsten Klasse waren damals Jungens!

Schließlich kam ich nach Hause, wo ich jetzt schon ungefähr ein Jahr bin. Am lebendigsten sind mir unsere letzten Sommerferien in New York in Erinnerung geblieben. Meine Tante ist Lehrerin an einem College, und wir waren bei ihr zu Besuch. Wir machten Ausflüge durch ganz New York, Vermont und New Hampshire. Ich organisierte den F.F.C. (Freizeit und Forschungs-Club), der wahrscheinlich der einzige offizielle seiner Art im ganzen Land ist. Nach einem Monat kamen wir zurück, und im September fing ich an, halbtags in die Schule zu gehen. Ich bin in der siebten Klasse. Ein gewisser Herr N. wurde unser Lehrer. Er hat mir die Aufgabe gestellt, diese verflixte Autobiographie zu schreiben, und jetzt ist sie fertig.

Obwohl die meisten Gefühle, vor allem Traurigkeit, in Daves Autobiographie völlig unter Kontrolle gehalten werden, bricht doch bezeichnenderweise ein Affekt durch und wird voll ausgedrückt: sein Groll über Ungerechtigkeit. Benachteiligt wie der junge Neger, wurde er »zu lebenslänglichem Gefängnis in einem Rollstuhl verurteilt«, was er als »eine schöne Ungerechtigkeit« betrachtete.

Alles, was Dave nach der Rehabilitation blieb, war der Gebrauch des rechten Armes und der rechten Hand – und auch sie waren geschwächt –, ein gut funktionierender Verstand, ein lebhafter Sinn für Humor, eine große Lesebegeisterung – und Lebensfreude, soweit sie unter diesen Umständen möglich war. Er starb im Alter von fünfzehn Jahren, nach der zweiten von zwei Operationen, die eine durch die Kinderlähmung verursachte Rückgratverkrümmung beseitigen sollten.

12. Krankheit und Persönlichkeitsentwicklung

Es gibt vielleicht keinen Ort, wo man die Wechselwirkung zwischen Körper und Psyche besser studieren kann als in einem Krankenhaus für chronisch kranke Kinder. Wir sahen in vollem Maße demonstriert, wie in manchen Fällen die Persönlichkeitsentwicklung durch das Leiden des Körpers verzerrt und verheert wird; wie in anderen Fällen ein starkes Ich über den Körper triumphieren, Besserung und Wiederherstellung beeinflussen und das Endresultat gestalten kann; und wie hoffnungslos schließlich jene Kinder ihrer Krankheit ausgeliefert waren, deren frühere Lebensumstände sie der Chance beraubt hatten, eine gesunde, tüchtige Persönlichkeit aufzubauen. Im folgenden habe ich drei spezifische Fälle als besonders eindrucksvolle Beispiele ausgewählt: Stephen, der seiner Krankheit unterlag; Carl, der sie meisterte; und Larry, ein Kind, dem man im Krankenhaus dazu verhelfen mußte, Kontrollmaßnahmen und Abwehrtechniken zu entwickeln, die vom Schicksal mehr begünstigte Kinder im vertrauten Umgang der Familiensituation erwerben.

Physische Krankheit als zerstörerische Kraft

Stephen, sechs Jahre alt, war nach einem bestürzenden Vorfall ins Krankenhaus gekommen; er hatte bei einer Rauferei einen geistig behinderten Jungen (der ebenfalls Stephen hieß) getreten, der prompt Krämpfe bekam: Zur Strafe durfte er die folgende Woche nicht das Haus verlassen; während dieser Zeit brach bei ihm selber Kinderlähmung aus. Wieweit Furcht, Schuldgefühl, Kummer aufgrund des Zusammentreffens der beiden Ereignisse seine Ängste steigerten und ihn seine Krankheit als Strafe empfinden ließen, blieb uns unbekannt.
Jedenfalls war Stephen in der akuten Phase ein sehr fügsamer, guter Patient, aber während der Rekonvaleszenz in Rainbow benahm er sich

seltsam, wurde als unreif und verschlossen angesehen und hatte keine Freude an der Gesellschaft anderer. Er schien nicht zu verstehen, was gesagt wurde, oder vergaß es sofort wieder, verschüttete seine Getränke und seine Urinflasche, trat und schlug die Erwachsenen, die ihn anfaßten. »Dann werde ich immer wütender und wütender«, wie er selber erklärte. Abends wollte er kein weiches Spielzeugtier haben, um besser einschlafen zu können, statt dessen verlangte er einen Cowboyhut. Wenn er Angst hatte, umklammerte er seinen Penis. Als ich ihm nach einem aggressiven Ausbruch gegen ein anderes Kind einmal erklärte, ich fände es unfair von ihm, Mark zu schlagen, der drei Jahre jünger sei und sich gegen einen größeren, stärkeren Jungen nicht verteidigen könne, sagte er: »Du sagst, ich bin stark? Immer sagt man mir, ich muß liegen, weil ich schwach bin. Mark ist krank wie ich, und *er* kann gehen.«

Stephens Lähmungen waren weniger umfassend als bei anderen, und medizinisch waren die Aussichten für seine Wiederherstellung günstig. Trotzdem beschäftigte ihn, im Gegensatz zu manchen anderen, der Gedanke an den Tod stark. »Könnte ein Auto von einer Hebebühne runterfallen? Würden die Leute drin sterben? Könnte ein Püppchen in der Badewanne ›ausrutschen‹ und sterben? Kann man zweimal Masern haben? Kann man an Masern sterben? Kann man zweimal Kinderlähmung haben?« – und schließlich: »Kann man an Kinderlähmung sterben?« Als ihm seine Eltern erzählten, was Präsident Roosevelt alles geleistet hatte, obwohl er Kinderlähmung hatte, fragte er, ob Roosevelt noch Präsident sei; als man ihm antwortete, daß er tot sei, kam die Frage: »Ist er an Kinderlähmung gestorben?«

Auf Bitten seiner Eltern blieb ich mit Stephen nach seiner Entlassung wegen der zahlreichen Schwierigkeiten in Kontakt, mit denen sie nicht fertig wurden. Ich versuchte, dem Kind zu helfen, drängte aber die Eltern, Stephen in analytische Behandlung zu geben.

Zuerst besuchte Stephen, der eine Beinschiene trug und nur wenig hinkte, eine Schule für verkrüppelte Kinder, aber die schweren Behinderungen der anderen erschreckten ihn so, daß er Angstausbrüche schlimmster Art bekam.

In der öffentlichen Schule, die er als nächstes besuchte, versagte er, obwohl sein Intelligenzquotient auf 175 (!) beziffert wurde. Seine Arbeiten waren äußerst schlampig, und um zu verhindern, daß seine Eltern sie sahen, »verlor« er seine Hefte auf dem Heimweg. Mir gegenüber gestand er, daß er die Hefte ins Gebüsch geworfen habe, um schneller laufen zu können. Ich erinnerte ihn daran, daß niemand, der eine Bein-

schiene trägt, sehr schnell laufen kann, und eine Zeitlang würde er die anderen in diesem Punkt gewinnen lassen müssen; wir wüßten jedoch, daß er viel schneller als alle anderen in der Klasse sei, was die Arbeit, insbesondere das Lesen, angehe. »Ja«, sagte er, »da ist was dran, aber ich muß schnell laufen wie die anderen, ich muß *schneller* laufen.«
Gleichzeitig wurde es bei ihm fast zu einer Besessenheit, elektrische Vorrichtungen zu zeichnen und zu studieren – zu studieren, was die Dinge zum »Gehen« und »Laufen« bringt. Als ich ihn darauf hinwies, daß in seinen ausgezeichneten Skizzen alle Drähte wie Muskeln aussähen, die gleichfalls die Dinge zum Laufen und Gehen bringen, antwortete er: »Ja, deshalb ist es so interessant.«
Als er etwas über Elektrizität [»electricity«] schrieb, erbot ich mich, dieses schwierige Wort für ihn zu buchstabieren, er erklärte jedoch: »Jeder kennt ›elect‹ wie z. B. ›elect a president‹ [einen Präsidenten wählen], jeder weiß, wie man ›city‹ schreibt, man braucht bloß ›ri‹ dazwischenzusetzen.«
»Elektrizität war schon vor 2000 Jahren bekannt. Die Griechen fanden einen Stein, den sie ein Elektron nannten. Wenn sie ihn rieben, spürten sie etwas wie einen Strom. Deshalb nennt man es Elektrizität. Sie war sehr schwach. Jetzt ist Elektrizität sehr stark. *Sie kann Menschen töten.*«
Als Stephen einmal in der Schule bestraft wurde und nach dem Unterricht dableiben mußte, um seine Schularbeit zu beenden, schrieb er folgenden Aufsatz:

Motoren

Es gibt verschiedene Arten von Motoren. Ich erörtere im folgenden Benzin-, Diesel- und Dampfmotoren. Benzinmotoren haben vier Stufen. Es sind: 1) Ansaugen, 2) Kompression, 3) Krafterzeugung und 4) Absaugen. Ein Benzinmotor besteht aus einem Zylinder, einem Kolben, einer Kurbel und einer Kurbelwelle.
Ansaugen – ein Gemisch von Gas und Luft wird in den Zylinder eingesaugt.
Kompression – Kolben komprimiert das Gas.
Krafterzeugung – die Zündkerze bringt das Gas zum Explodieren, wodurch Kraft erzeugt wird.
Absaugen – verbranntes Gas wird aus dem Zylinder abgesaugt. Die Absauggase sind CO, ein giftiges Gas. Würde in einer geschlossenen Garage mit einem Mann in der Garage ein Automobil laufen, wäre der Mann tot.

Stephen erörterte dann Dampfmotoren, Dieselmotoren und Motoren mit atomarem Antrieb auf die gleiche Weise. Im Alter von zehn Jahren beschäftigte ihn dann ebenso stark die Vorstellung der Atomkraft – die vollständige Vernichtung von allem. Sein Wissen war damals dem eines Collegestudenten vergleichbar, und es war mir nicht mehr möglich, seinen Zeichnungen zu folgen, die übrigens von anderen als einwandfrei richtig befunden wurden. Sein Vater, der selbst Elektroingenieur war, machte sich Vorwürfe, das Kind auf diesen Weg gebracht zu haben, gab aber zu, daß ihn das außergewöhnliche Können des Jungen faszinierte.

Wie er vorher hatte laufen müssen wie andere, und *schneller* hatte laufen müssen, so mußte er jetzt *wissen* – »Aber ich muß *mehr wissen.*« Anscheinend trieb es ihn, gerade über diesen Gegenstand alles oder sogar noch »mehr« zu wissen, weil er sich so leidenschaftlich wünschte, vor der Atomkraft beschützt zu sein – beschützt vor seinen eigenen destruktiven Kräften. Weil er sich jedoch seiner überragenden Intelligenz bediente, machte er nie den Eindruck eines von Konflikten gequälten Menschen und war nicht in der Lage, sich führen zu lassen – um so weniger, als diese besondere, merkwürdige Fähigkeit ihm viel Bewunderung einbrachte, die ihm Befriedigung verschaffte.

Trotz seiner glänzenden Begabung waren seine Schulleistungen schlecht, und er brachte es nur zu ausreichenden Noten, wenn man ihn mit äußerster Nachsicht beurteilte. Seine Beziehungen zu Lehrern und Kindern, vor allem seine beleidigenden Reden und sein gestörtes Verhalten führten sogar dazu, daß er vorübergehend von der Schule verwiesen wurde, was ein großer Schock für ihn war; nach seiner Rückkehr kam es zu einer sehr kurzfristigen Besserung.

Meine Gespräche mit den Eltern waren insofern lohnend, als sie einige meiner Erklärungen von Stephens Konflikten akzeptierten; sie verhielten sich dann weniger streng und strafend und in der Schulsituation taktvoll. Aber Stephen blieb trotzdem ein einsames Kind, von Ängsten beherrscht, die er verleugnete, glänzend begabt, ohne Freunde und mit wenig gemeinsamen Interessen mit seinen beiden jüngeren Brüdern. Obwohl er bis zu einem gewissen Grad lernte, seine Aggression, vor allem zu Hause, im Zaum zu halten, hatte er doch weiterhin häufig Schulschwierigkeiten, und seine Schulleistungen blieben schlecht.

Es wurden dann noch zwei korrektive Operationen vorgenommen, bei denen er sich nach dem Bericht der Krankenschwester »wie ein richtiger kleiner Gentleman« benahm – wahrscheinlich, weil er vor Furcht wie gelähmt war.

Im Alter von zwölf Jahren stieß ihm ein tödlicher Unfall zu. Er hatte den Souterrain-Raum in unordentlichem Zustand hinterlassen; zur Strafe schickte man ihn zum Aufräumen hinunter. Zwei Stunden später fand man ihn erdrosselt auf, einen elektrischen Leitungsdraht um den Hals. Ob es ein Unfall war oder ein bewußter Selbstmord, wurde nie geklärt. In jedem Fall war seine Phantasie »Elektrizität ist etwas Mächtiges, sie kann Menschen töten« Wirklichkeit geworden.

Selbstverständlich wäre es falsch zu behaupten, Stephens Konflikte, seine schwierige Charakterstruktur und andere Abnormitäten seien durch seine chronische Krankheit *geschaffen* worden. Die gleichen Zusammenstöße zwischen einem hochorganisierten Ich auf der einen Seite und den sexuell-aggressiven Impulsen auf der anderen Seite ereignen sich bei vielen, physisch gesunden wie kranken Kindern. Ferner sind Furcht vor Vergeltung und Angstanfälle, Leistungs- und Anpassungshemmungen in der Schule, der als Abwehr benutzte Einsatz einer überragenden Begabung in ausgewählten Bereichen, die Wendung der Aggression gegen das Selbst – alle diese Dinge sind jedem bekannt, der sich mit kindlichen Neurosen befaßt, und in der Regel überwindet sie das Kind, mit oder ohne therapeutische Hilfe. Was in Stephens Fall den Unterschied bewirkte und es ihm unmöglich machte, selber zurechtzukommen oder Hilfe anzunehmen, war ein spezifischer Aspekt der Sache. Beim physisch gesunden Kind sind Kastrationsangst, Angst vor Tod und Auslöschung Produkte seiner Phantasie, die als solche entweder von seinem reifer werdenden Verstand erkannt oder in der Therapie als solche erhellt und gedeutet werden. Da sie in der äußeren Wirklichkeit keinen Platz haben, lösen sie sich auf, wenn sie bewußtgemacht und begriffen werden. Für Stephen dagegen fallen, wie für andere schwer kranke oder geschädigte Kinder, Phantasie und Wirklichkeit zusammen, wobei letztere die erstere offensichtlich stützt. Die Kastration erscheint, wenn Körperglieder tatsächlich von Krankheit ergriffen und gebrauchsunfähig gemacht werden, als etwas real Näherliegendes; der Tod von an Polio erkrankten Kindern war (vor allem vor dem Salk-Impfstoff) ein häufiges und gefürchtetes Ereignis, und alle Kinder hatten gehört, wie darüber gesprochen wurde. Selbst die vollständige Auslöschung kann nicht als etwas Unmögliches erscheinen, wenn man das verheerende Erlebnis durchgemacht hat, das ganze eigene Leben dadurch verändert oder zerstört zu sehen, daß man eine Ansteckung fängt oder einen Unfall hat. Wahrscheinlich ist es dieses zusätzliche, grauenvolle Stück Wirklichkeit, welches zu dem üblichen, schreckenerregenden Phantasieleben der Kindheit noch hinzukommt, das bei manchen Kindern den Ausschlag gibt und sie vor eine Aufgabe stellt, die zu lösen sie weder gewillt noch imstande sind.

Triumph des Geistes über die Krankheit

Carl war ein reizender sechsjähriger Junge, als er von Kinderlähmung befallen wurde. Sie zog seinen gesamten Körper in Mitleidenschaft, und er war völlig gelähmt. Als er in der Universitätsklinik in ein Einbettzimmer kam, wurde er wegen seines heiteren Gemüts und seiner tapferen Haltung sofort zum beliebtesten und am meisten bewunderten Patienten auf seinem Stock. Während seine Eltern von den Ereignissen erschreckt und außer Fassung waren, zeigte er nur einmal Angst, vor der ›eisernen Lunge‹ nämlich, weil sie ihn vielleicht »plattdrücken« würde.
Nach drei Monaten zog er sich plötzlich in sich selbst zurück; er wurde auf die Kinderstation verlegt, um Gesellschaft zu haben, blieb jedoch trotz den Bemühungen der Erwachsenen, seiner Isolierung entgegenzuwirken, vereinsamt. In Rainbow, wo er einen Monat später zur Genesung aufgenommen wurde, machte er einen zarten und kranken Eindruck. Trotzdem erwies er sich als heiter und kooperativ und begann, Beziehungen zu anderen Kindern herzustellen, indem er sich ihnen gegenüber hilfreich und beschützend verhielt. Wenn sein kleiner Nachbarpatient sein Bett naß machte, tröstete er ihn: »Es macht wirklich gar nichts aus, sie nehmen das überhaupt nicht übel.«
Carls Mutter besuchte ihn selten, da sie fürchtete, es könne ihm schaden, wenn er bemerkte, wie unglücklich sie war. Sein Vater dagegen kam täglich, und seine ganze Unterhaltung mit Carl drehte sich um den Sport. Er wurde darauf aufmerksam gemacht, daß solche Gespräche für den kleinen Jungen belastend sein mußten, für den damals keine Aussicht zu bestehen schien, je an solchen Betätigungen teilzunehmen. Darauf erklärte Herr S., er hege in dieser Hinsicht große Hoffnungen für seinen Sohn. Er selber galt als athletischer Typ, und er glaubte, es sei von allergrößter Wichtigkeit, das Kind auf diese Weise zu begeistern, damit »er sich mehr anstrenge«, gesund zu werden.
Carl hielt sich immer noch von der Gruppe zurück und gesellte sich nur zu ihr, wenn eine Party gegeben oder eine Mahlzeit gekocht wurde. Sonst zog er es vor, mit seinem Vater Bowling zu spielen.

Sechs Monate nach dem Ausbruch der Krankheit begann Carl, am Schulunterricht teilzunehmen, arbeitete vorzüglich und war nach dem Bericht der Lehrerin ein interessierter und glänzender Schüler. Sie hob besonders seine liebenswürdigen Umgangsformen hervor, die nach ihrer Meinung für ein Kind seines Alters etwas ganz Ungewöhnliches waren. In eben dieser Zeit wurde Carl von der Kinderlähmungs-Abteilung auf die Knabenstation verlegt. Er zeigte seine Freude offen, weil das für ihn sehr viel bedeutete – einen weiteren Schritt auf dem Wege der Gesundung. Wieder wurde ihm wegen seiner liebenswürdigen, heiteren Einstellung von seiten der Kinder, ihrer Besucher sowie der Ärzte und Schwestern viel Aufmerksamkeit zuteil.

Erst ganz allmählich erkannten wir, daß Carls Persönlichkeitsleistungen ihm nicht leichtfielen und daß er innere Kämpfe durchmachen mußte, um mit negativen Gefühlen fertig zu werden, wie z. B. Eifersucht auf jene, deren Wiederherstellung schneller fortschritt, Zweifel über seine eigene Besserung usw. Die ersten Hinweise darauf erhielten wir durch einige Geschichten, die er erzählte: von Kämpfen mit Indianern oder Zusammenstöße zwischen Räubern und Polizei. Trotzdem blieb er sogar in diesen Phantasien gewöhnlich der Held, der große Stärke und verwegenen Mut zeigt.

Den nächsten Hinweis auf Carls Konflikt sahen wir im Auftreten vorübergehender Symptome, die sämtlich keine physische Grundlage hatten: Furcht vor Schwindel und Erbrechen, gelegentliches Nasenbluten; alle diese Dinge benutzte er, um sich vor der Schule oder vor seinen physiotherapeutischen Behandlungen zu drücken.

Als ich ihn darüber befragte, stellte sich heraus, daß seine wirkliche Furcht eine ganz andere war: er befürchtete, daß er naßmachen würde, und da er glaubte, Kinder, die das taten, müßten wieder in die »eiserne Lunge« zurück, wollte er lieber nicht von seiner Urinflasche getrennt sein. Tatsächlich brachte er seine Urinflasche mit, wenn er zu mir kam, um diese Dinge zu besprechen; er betonte, daß ihm »die physiotherapeutische Behandlung nichts ausmache«, daß er »die Schule gern habe«, aber nur, wenn er »vorbereitet« sei, das heißt seine Urinflasche zur Hand haben könne.

Anscheinend benutzte Carl, der nie über sein Leiden gesprochen hatte, die Frage des Naßmachens und seiner Beherrschung, um einen wahren Gefühlsaufruhr symbolisch auszudrücken: Unzufriedenheit mit den eigenen Leistungen (obwohl er zu diesem Zeitpunkt zwischen parallelen Stäben gehen, sehr gut aufsitzen und Hände und Schultern in gewissem

Umfang gebrauchen konnte), Enttäuschung angesichts der Wirklichkeit, Furcht vor und zugleich Sehnsucht nach dem Schutz in der ›eisernen Lunge‹. Während dieser Phase konnte er es nicht ertragen, wenn man ihn wegen physischer Fortschritte lobte, zum Beispiel, weil er »gut ging«: offensichtlich blieben diese Fortschritte hinter seinen eigenen Maßstäben zurück.

Der Einfluß des Vaters auf das Kind war sehr deutlich erkennbar; die Spielsachen, die er kaufte und mit denen Carl spielen sollte, waren mit dem Ziel ausgewählt, seine Handmuskeln zu stärken, nicht um ihm Spaß zu machen. Carl bat mich, ihm zu helfen, mit diesen Sachen umgehen zu lernen, damit er seinem Vater keine Enttäuschung bereite. Oft wurde er mutlos, wenn er merkte, daß seine Behinderung dies zu einer schwierigen Aufgabe machte. Der Vater erklärte sich ohne weiteres bereit, sich bei der Auswahl geeigneterer Spielsachen für Carl beraten zu lassen, es war jedoch ganz offensichtlich, daß er nicht in der Lage war, diesbezügliche Ratschläge auch anzunehmen. Dessenungeachtet betonte ich dem Vater gegenüber, daß Carls Schulleistungen überragend seien, in der Hoffnung, die Ambitionen, die er für seinen Sohn hegte, vom Sport auf geistige Dinge zu verlagern.

Als der Vater mir von all den Dingen erzählte, die er zu Hause für Carls Rückkehr bereitgestellt hatte, gestand er mit vielen Entschuldigungen, daß er auch ein Fahrrad gekauft hatte: »Ich weiß, er ist noch nicht soweit, aber er hat einen weiten Weg zurückgelegt, und ich habe es ihm versprochen, wenn es ihm besser gehen würde. Ich muß mein Versprechen halten – vielleicht spornt es ihn an, sich mächtig anzustrengen, um es benutzen zu können.«

Carl wurde an seinem siebten Geburtstag entlassen, neun Monate nach der Aufnahme; zu diesem Zeitpunkt konnte er in einem Korsett ungefähr zwölf Schritte gehen. Als ihm mitgeteilt wurde, er werde binnen kurzem nach Hause zurückkehren, diktierte er die folgende Geschichte, die enthüllte, in welch überraschendem Maße auch dieses Kind seine Krankheit als eigenen Fehler erlebt hatte, und Behandlung und Hospitalisierung als Strafe und Gefangensein, aus dem man zu entkommen versucht.

Die Geschichte für ein Puppenspiel

Zuerst kommt ein lauter Schrei. Und dann kommt eine Puppe heraus und kündet die Personen an.

Dann versucht ein Räuber, aus der Bank zu flüchten. Und die Polizisten sehen ihn und schießen, aber er kann fliehen. Aber in der Nacht kommt er zurück und schießt die Polizisten über den Haufen, und die Polizisten schießen ihn in die Schulter. Dann geht er in seine Hütte, die sein Versteck ist. Dann gehen ihm die Polizisten nach und sehen ihn durchs Fenster, und sie umzingeln den Räuber. Aber er schießt sich den Weg hinaus frei. Aber dann gab es ein Handgemenge, und einer der Polizisten schoß ihn wieder in die Schulter. Und dann brachten sie ihn ins Gefängnis. Und dann versuchte er zu entfliehen, aber er konnte es nicht. Und einer von den Gefangenen sagte: »Warum bist du hier?« Und dann sagte er: »Ich bin hier, weil ich ein Verbrechen begangen habe.« Er blieb dreißig Jahre im Gefängnis. Und dann ließen sie ihn frei. Und wieder hatte er kein Geld, und er brach überall ein, und die Polizisten suchten wieder nach ihm. Sie folgten ihm und brachten ihn wieder ins Gefängnis. Und er blieb einundsechzig Jahre dort, und als er herauskam, war er kein böser Bursche mehr, und so hat alles angefangen, und so hat alles geendet. Das ist alles.

Als Carl zwei Jahre später zur Skoliosebehandlung wieder ins Rainbow-Krankenhaus aufgenommen wurde, konnte man die Fortschritte, die er gemacht hatte, beurteilen. Zu Hause hatte er schon gut gehen können und war sogar auf seinem Fahrrad gefahren. In Rainbow mußte er jetzt in seiner Riesser-Jacke und mit einem schweren Oberkörpergips gehen, und obwohl er sich zuerst an Gegenständen und Menschen festhielt, gelang es Carl doch bald, ohne Stöcke oder Krücken auszukommen. In seinen Spielen mit den anderen Kindern spielte er jetzt »Räuber und Polizisten«, während er früher diese Geschichten nur diktiert hatte. Er spielte gern den Gefängniswärter, und in dieser Rolle sperrte er die »Räuber« in die Sonnenliegehalle ein. Wenn er selber den Räuber spielte, verstand er es geschickt zu entkommen und enthüllte später wohlgelaunt und mit Befriedigung seine Tricks. Kurz, er spielte wie ein aktiver, normal aggressiver kleiner Junge.
Es ist interessant, sich klarzumachen, daß physische und medizinische Bewertung nicht erklären konnten, wie es dieses Kind fertigbrachte, mit oder ohne den Gips so gut gehen zu können, denn Testuntersuchungen der Muskelkraft ergaben eine für diese Leistung völlig unzureichende Kraft. Bei Carl handelte es sich offensichtlich um einen Fall von »der Geist besiegt die Materie«. Mit in Rechnung gezogen werden mußte auch die Leugnung der Fakten durch den Vater, sein unerschütterlicher Glaube, daß alles wieder in Ordnung kommen würde. Tatsächlich muß

es der Einfluß der unrealistischen Einstellung des Vaters (und nicht mein vernünftiger Rat) gewesen sein, der zu Carls verblüffend erfolgreicher Wiederherstellung beitrug, deren Ausmaß rein physisch nicht zu erklären war.

Ein krankes Kind in langjähriger Klinikbehandlung

Bei Larry, den ich kennenlernte, als er acht Jahre alt war, handelte es sich um ein Kind, das in doppelter Hinsicht von einer normalen Entwicklung ausgeschlossen war. Einmal litt er an einer Tuberkulose der Hüfte, zum anderen hatte er während des größten Teils seiner Kindheit die Betreuung in der Familie entbehren müssen, da er vom Alter von drei Jahren bis zum Alter von elf Jahren stationär im Rainbow-Krankenhaus war. Unter den Behandlungsbedingungen, wie sie zur Zeit seiner Krankheit für sein Leiden galten, mußte er vielerlei Prozeduren erdulden, darunter Gipsverbände, Stützkorsetts, Bradford-Gestell und Streckverband. Diese Maßnahmen mußten immer wieder angewandt werden, wenn er nach kurzfristiger Besserung wieder einen Rückfall erlitt.

Larrys Vater, ein Fall von geschlossener Tuberkulose, war immer wieder lange Zeit bei Larry im Krankenhaus gewesen und machte sich Vorwürfe, die Infektionsquelle gewesen zu sein. Die Beziehungen beider Eltern zum Krankenhauspersonal waren gespannt, eine Tatsache, die nicht ohne Einfluß auf Larry blieb. Die Eltern waren anspruchsvoll, schwierig und zuletzt entmutigt. Selbst als man in Rainbow von vierzehntägigen zu täglichen Besuchen überging, machten sie davon keinen Gebrauch und kamen nur selten. Die Situation verschlimmerte sich noch, als ein kleiner Bruder zur Welt kam. Die Eltern hatten jetzt »einen neuen Larry«; die Mutter konnte nicht kommen, und der Vater mußte auf Besuche verzichten, weil seine eigene Krankheit neu aufgeflammt war.

Wie viele andere hospitalisierte Kinder war Larry völlig ohne Gefühlsbindungen. Zwar hatte er während seiner langen Jahre in Rainbow viel Freundlichkeit, Betreuung und Mitgefühl erfahren, aber es hatte während dieser Zeit auch einen völligen Wechsel der Verwaltungsmethoden und viele Veränderungen im Personal gegeben. Interessanterweise konnte er sich nicht an eine einzige Person oder an ein einziges Ereignis aus seiner Vergangenheit erinnern, das heißt, aus der Zeit,

bevor ich ihn kennenlernte. Andererseits sprach er vom »nach Hause gehen«, obwohl seine Kenntnis von zu Hause seit seiner Aufnahme in das Krankenhaus sich auf drei vereinzelte Wochenendbesuche und einen einzigen Weihnachtsurlaub im Alter von sechs Jahren beschränkte.
Wegen seiner unglücklichen, mürrischen und jähzornigen Verfassung war der Umgang mit ihm für das Pflegepersonal äußerst schwierig. Da er von Zeit zu Zeit erhöhte Temperatur hatte, mußten ihm auch immer wieder Beschränkungen auferlegt werden, die zur Auflehnung gegen die Schwestern, Angstanfällen und Wutausbrüchen führten. Da die Schwestern Furcht davor hatten, dieses zarte, kranke Kind aufzuregen, lernte er es, ihre Zurückhaltung auszunutzen. Er war ungehorsam und herausfordernd. Seine bevorzugten Antworten waren: »Was soll's schon, du kannst mich nicht dazu zwingen. Versuch's bloß – komm bloß in meine Nähe, und ich werd' dir einen Tritt geben.« Oft sagte er einfach: »Ich will nicht – damit hat sich's. Punkt.«
Wie viele andere Kinder ohne Bindungen begann Larry zu stehlen. In seinem Schrank fanden sich öfter Gegenstände, die nach Angabe der anderen Kinder ihnen gehörten. Er behauptete jedoch hartnäckig, er habe sie gefunden oder sie seien ihm geschenkt worden. Er stritt stets auf das heftigste ab, jemandem etwas weggenommen zu haben – selbst wenn die anderen Kinder es mitangesehen hatten. Herausfordernd erklärte er mir: »Es ist mir egal, wenn du mir nicht glaubst – niemand glaubt mir – na und?« Und nach einer Pause fuhr er plötzlich fort: »Und wenn ich's genommen habe, was ist dann schon?« Er log, wenn das für ihn vorteilhaft war. Wie andere Kinder in dieser unglücklichen Lage hatte er nie gelernt, sich selber Grenzen zu setzen um eines Menschen willen, den er gern hatte, oder damit man ihn gern habe.
Bei Larry richteten sich alle meine Bemühungen darauf, eine Beziehung herzustellen, die ihm etwas bedeutete. Sobald ich zu einer wichtigen Figur in seinem Leben geworden war, enthüllte er, daß das Stehlen in zweierlei Hinsicht mit seinen Gedanken an daheim verknüpft war. Er erklärte: »Zu den anderen kommen immer Besucher, die ihnen Sachen mitbringen – nun, du weißt ja, daß ich keinen Besuch bekomme, also habe ich auch keine Sachen.« Es stellte sich auch heraus, daß er die gestohlenen Dinge aufhob, um sie seiner Familie zu schenken; da er aber fast nie Gelegenheit dazu hatte, endete es gewöhnlich damit, daß er die Sachen zerbrach.
Ich ging auf seine Phantasie ein, daß er mit solchen Geschenken die Zuneigung der Familie erkaufen könne, und erklärte ihm, es würde ihnen

mehr Freude machen, wenn er selber etwas anfertigte; diese Anregung lenkte zum erstenmal sein Interesse auf Bastelarbeiten und führte dazu, daß ihm das Freude machte. Bis zum nächsten Weihnachtsfest hatte er einundzwanzig Geschenke fertig; aber selbst das war ihm nicht genug, und er stahl dazuhin noch so viele Päckchen wie möglich, unter dem Weihnachtsbaum aufgebaute Geschenke für die ganze Station.

Larry stahl nie Sachen aus meinem Dienstzimmer, obwohl er dazu reichlich Gelegenheit hatte. Er sah sich Spielsachen, die ich dort für die kleineren Kinder hatte, genau an und sagte dann: »Wofür brauchst du das? Mein kleiner Bruder wäre einfach selig damit.«

Ich lehnte es ab, ihm Geschenke für den kleinen Bruder zu geben, war aber durchaus bereit, ihm für sich persönlich kleine Geschenke zu überreichen, die er nicht mit den anderen Kindern der Station zu teilen brauchte. Es handelte sich um Kekse, Brezeln und dergleichen, die ich von mir daheim mitbringen mußte, zum Zeichen, daß ich an ihn gedacht hatte. Am Anfang pflegte er unsere Sitzungen mit der Frage zu beginnen: »Gibt's was Süßes für mich – von daheim?« Später, als er meiner sicherer war, hörten diese Zeichen auf, eine wichtige Rolle zu spielen.

Die Erklärungen, die ich ihm gab, waren einfach: daß es nicht wahr sei, daß ihm alles und alle gleichgültig seien; wie sehr er wolle, daß man ihn gern habe; daß man Zuneigung nicht kaufen könne; daß es nicht genug sei, wenn er zu mir sagte »Ich kann dich gut leiden«, sondern daß er sich auch bemühen müsse, mir Freude zu bereiten; daß ich nicht gern erfuhr, daß er ein anderes Kind getreten hatte oder wütend gewesen war, als man ihn zu Bett schickte usw.

Mein nächster Schritt bestand darin, ihm zu helfen, seine neu entdeckten Gefühle der Zuneigung auf eine bestimmte Krankenschwester zu übertragen, zu der er allmählich eine außerordentlich gute Beziehung entwickelte. »Ich bin ihr Liebling, und ich will auch ihr Liebling sein.« Er hatte zwar immer noch viele Streitigkeiten mit den anderen Mitgliedern des Pflegepersonals, bemühte sich jedoch, sich tadellos zu benehmen, wenn sie ihn betreute, bis er dann lernte, ihr dadurch Freude zu machen, daß er sich auch in ihrer Abwesenheit gut benahm. Als er einmal in ihrer Abwesenheit bestraft und aus der Gruppe herausgenommen wurde, schrieb er ihr einen rührenden kleinen Brief. »Ich weiß, daß du mich jetzt nicht magst, aber ich habe dich trotzdem lieb.« Allmählich ließen seine Zornausbrüche nach, und er hörte auf zu stehlen. Er hatte eine Entwicklungsphase durchlaufen, die andere Kinder in ihren ersten Lebensjahren unter der liebevollen Führung ihrer Eltern hinter sich bringen.

Larrys Situation nahm eine definitive Wendung zum Besseren, als der Chirurg beschloß, eine Exzision einer Läsion der Hüfte vorzunehmen, und den Eltern Hoffnung machte, daß Larry im Anschluß daran in der Lage sein würde heimzukehren. Mir fiel die schwierige Aufgabe zu, ihn in ziemlicher Eile auf diese Operation vorzubereiten. Zuerst war Larry unnachgiebig, als ich den geplanten chirurgischen Eingriff zur Sprache brachte. Die Sache wirkte auf ihn wie eine plötzliche, unvorhergesehene Notlage und erweckte deshalb noch mehr Furcht und Ängste in ihm.

»O nein. Ich mache da nicht mit«, sagte er immer wieder, und es klang sehr entschlossen. »Ich will es nicht. Punktum. Nicht mit mir. Niemand kann mich dazu bringen. Mich nicht. O nein, Herrschaften. Meine Eltern würden nicht wollen, daß das mit mir geschieht, das weiß ich sicher.«

Ich erklärte ihm: »Doch, sie glauben, daß es besser für dich wäre, wenn diese Operation gemacht wird, weil du dann nicht mehr diese plötzlichen Anfälle von Fieber und Schmerzen hättest. Sie glauben, es wäre besser, weil du dann früher nach Hause könntest.«

»Ich gehe bald nach Hause, aber keine Operation. Nein, danke sehr! Erinnerst du dich an John? Er hatte eine steife Hüfte. Wer will schon eine steife Hüfte? Ich könnte nie Fußball spielen mit einer steifen Hüfte.«

Plötzlich begann Larry zu weinen, weil ihm klar wurde, daß er ja noch nie Fußball gespielt hatte und daß es unmöglich schien, je mit einer Hüfte Fußball zu spielen, deren bisheriger Zustand die ganzen Jahre hindurch so viele Rückfalle ausgelöst hatte.

»Du hast doch noch ein zweites Bein, mit dem du den Ball treten kannst – aber du mußt gesund sein, um mitmachen zu können. Selbst mit einer steifen Hüfte könntest du lernen, schnell genug zu laufen«, erklärte ich ihm.

Endlich gab Larry seinen Widerstand auf. Sein Vertrauen zu der Schwester und zu mir und die Hoffnung, »nach Hause« zurückzukehren, halfen ihm, sich zur Einwilligung durchzuringen.

Am Ende ging alles sehr gut aus. Nach erfolgreicher Operation kehrte er in den Schoß der Familie zurück und fand sein inneres Gleichgewicht wieder. Sein physischer Zustand blieb zufriedenstellend. In der Schule brachte er es zu guten Leistungen, und es wurde sogar berichtet, daß er auf dem Fußballplatz durchaus seinen Mann stellte.

13. Arthritis- und Asthmapatienten: Bindung an die Mutter

Im Gegensatz zu den meisten anderen Patienten, die während langdauernder Hospitalisierung sich dem Krankenhauspersonal zuwandten, um Linderung und Trost zu erhalten, zogen Kinder mit Arthritis und Asthma kaum je ihre Anhänglichkeit von der Mutter ab. Die Interaktion mit der Mutter schien einen mächtigen – förderlichen oder schädlichen – Einfluß auf den Krankheitsverlauf zu haben.

Arthritische Kinder

Während alle kranken Kinder sich in Gegenwart ihrer Mutter sicherer fühlen, scheinen die an Arthritis leidenden auch zu erwarten, daß die Mutter die Schmerzen lindert, die in ihrem Falle qualvoll sind und auf die sich ihr ganzes Sinnen konzentriert. Es war bei unseren arthritischen Kindern nicht ungewöhnlich, daß sie einen akuten Schmerzanfall erlitten, bloß weil der vorgesehene Besuch der Mutter ausfallen mußte. Es war auch bei den Müttern, die wir beobachten konnten, nicht ungewöhnlich, daß sie auf die Erwartungen ihres Kindes mit Hilflosigkeit und Schuldgefühlen reagierten, auf die dann wiederum die Kinder reagierten.

ANN, acht Jahre alt, war in dieser Hinsicht typisch. Sie war still, gehorsam, in sich zurückgezogen. Um die Keile in ihrem Gipsverband zu wechseln, mußte der Gips jede Woche aufgeschnitten werden, eine einfache Prozedur, auf die das Kind trotzdem mit heftigen Angstausbrüchen reagierte. Als man jedoch, um die damit einhergehenden Rückfälle zu verhindern, ihrer Mutter gestattete, dabei zu sein, zeigte Ann keinerlei Furcht und machte sich statt dessen über ihre eigene Feigheit lustig.
Sogar in schmerzfreien Perioden brauchte Ann ihre Mutter, um für sie Entscheidungen zu treffen. Ohne sie fühlte sie sich verloren und einsam, und anstatt selber zu entscheiden, brach sie in Tränen aus, die ihrerseits Schmerzattacken auslösten.
Wenn Ann daheim war, fiel der Mutter die Verantwortung für die ziemlich schmerzhaften Übungen des Kindes zu – eine Aufgabe, die die Mutter besonders schwierig fand. Es paßte nicht zu der zwischen ihnen aufgebauten Beziehung, daß sie Schmerzen zufügen, anstatt beseitigen sollte. »Ich weiß nie, was ich tun soll. Ich weiß, daß sie Schmerzen hat,

das bekümmert mich dann, und ihre Schmerzen werden noch schlimmer.« Bei Ann wie bei anderen Kindern beobachteten wir einen uns wohlbekannten, typischen Circulus vitiosus: die Schmerzen bewirkten Sichzurückziehen und Depression, und die depressive Stimmung wiederum verstärkte die Schmerzen. Manchmal konnten wir diesen Kreis durchbrechen und das Kind trösten und aufmuntern; aber für gewöhnlich blieb diese Rolle allein der Mutter vorbehalten.

MAY wurde von ihrer Mutter getrennt, als sie zwei Jahre alt war, und bei einer guten Pflegemutter untergebracht. Mit drei Jahren setzte bei ihr eine Arthritis deformans ein, und im darauffolgenden Jahr kam sie zweimal zu stationärer Behandlung nach Rainbow, das zweitemal in schlechter Verfassung, sehr krank, abgemagert, mit deformierten Gliedern und stark geschwollenen Gelenken. Sie blieb bewegungslos, von Schmerzen geplagt und apathisch; für alle freundliche Anteilnahme, die man ihr entgegenbrachte, zeigte sie keinerlei Interesse.
Wie Ann war sie nicht imstande, Entscheidungen zu treffen und Wünsche zu äußern. Selbst wenn man sie fragte, ob sie lieber sitzen oder liegen wolle, wurde sie unglücklich und weinte; sie fühlte sich nur beschützt, wenn man ihr sagte, was sie tun solle. Wie sie später erklärte: »Ich hatte einfach schreckliche Angst vor den Menschen, wenn sie mich fragten. Sie wußten sowieso, was ich wollte.« Sie verlor immer mehr an Gewicht, da sie fast alles ablehnte, was man ihr anbot, und bestenfalls nur ganz winzige Nahrungsmengen annahm.
Als May mir zugewiesen wurde, fiel es mir sehr schwer, eine Kommunikation mit ihr zu eröffnen. In ihrer extremen Verschlossenheit redete sie nichts und zeigte kein Interesse für Spielsachen. Zuerst mußte ich mich damit zufriedengeben, daß sie meine Besuche duldete und ganz allmählich daran Gefallen zu finden schien, daß ich so regelmäßig erschien. Um ihr Interesse ein wenig von ihrer eigenen Person abzulenken, brachte ich zwei winzige Goldfische mit, die ich ihr behutsam und unaufdringlich zeigte; sie ließ sich herbei, sie zu beobachten und – da lebendige Geschöpfe ja essen müssen – mit meiner Hilfe zu füttern.
Mein nächster Schritt war, daß ich aus Papier Puppen anfertigte, die ihr möglichst ähnlich sahen, und Möbelstücke, die so federleicht waren, daß sie sie in den Fingern halten konnte. Diese Puppen wollten ebenfalls essen, und es gelang mir, May dazu zu bringen, daß sie bei mir Essen für sie bestellte, das ich dann in Zeichnungen darstellte: Fleischklopse, Wiener Würstchen, Sauerkraut und Gürkchen; all die Dinge, an die May

vor ihrer Krankheit gewöhnt war, wobei überraschenderweise Senfbrote das Lieblingsgericht der Puppen waren. Es war ein großer Sieg, als ich May schließlich dazu bewegen konnte, das Phantasieessen der Puppen in Wirklichkeit zu probieren, und sie auf diese Weise wieder lernte, Nahrung zu tolerieren und sogar einen gewissen Gefallen daran zu finden.

In auffallendem Gegensatz zu Mays damaligen beunruhigenden Schwierigkeiten wandten sich sechs Monate später die Dinge zum Besseren, als Mays eigene Mutter sie besuchte. Das Kind war überglücklich, begann mit einem kleinen Plattenspieler zu spielen, den die Mutter mitgebracht hatte, und lernte, ihn selber zu bedienen, obwohl Mays Finger steif und geschwollen waren. Zugleich beachtete May alle von der Pflegemutter mitgebrachten Geschenke überhaupt nicht mehr und behandelte die Frau selber mit Feindseligkeit, bis sie nicht mehr kam. May redete nur noch davon, zu ihrer eigenen Mutter heimzugehen. »Meine Mutti wird dafür sorgen, daß ich nie wieder krank werde.«

Von da an ging es mit Mays physischem Befinden ständig auf und ab, je nachdem, wieviel Interesse die Mutter an ihr zeigte. Als die Mutter die nötigen Vorkehrungen traf, um dem Kind ein geeignetes Zuhause bieten zu können, konnte May an Krücken gut gehen. Als die Belastung zu Hause zu groß wurde, verschlechterte sich Mays Zustand, und sie mußte nach Rainbow zurückkehren. Um wieder heimzukommen, lernte sie ohne Krücken zu gehen, eine Leistung, über die sie sehr glücklich war. Als die Mutter drei Jahre hindurch alle unsere Erwartungen hinsichtlich der Betreuung des Kindes übertraf, ging es May physisch außerordentlich gut, und auch in der Schule zeigte sie gute Leistungen. Als dann ihr Zuhause wiederum zerbrach, wurde sie sehr krank und bedurfte intensiver ärztlicher Betreuung.

Im Krankenhaus erzählte sie einmal die Geschichte von »Rapunzel« in ihrer eigenen Version, die ihre eigenen Gedanken und Ängste enthüllte:

> Es war einmal ein Mädchen, das hieß Mary. Sie lebte in einem großen Schloß. Sie war eine Prinzessin. Sie war hübsch. Sie hatte lange Haare. Sie hatte ein ganz langes Kleid aus weißer Seide. Sie schaute gern den ganzen Tag zum Fenster hinaus. Aber das konnte sie nicht, weil sonst die Hexe sie schnappen würde. Die Hexe wollte, daß die Prinzessin bei ihr bleiben sollte. Die Mutti und der Papi wollten nicht, daß die Prinzessin bei der Hexe wäre, aber sie *mußten*,

weil sonst die Hexe sie beide schnappen würde. Als die Prinzessin ein ganz kleines Baby war, als sie zur Welt kam, sah die Hexe den Mann. Und dann stahl er einen Salatkopf. Die Hexe sagte: »Wenn dein Kind geboren wird, mußt du es mir geben«, und der Mann sagte »in Ordnung« und tat's auch. Jetzt war der Mann König. Und die Hexe kam und nahm das Kind mit, sie wollten es nicht, aber sie *mußten*. Dann war die Prinzessin traurig, als sie bei der Hexe war, und sagte, sie wolle heim, weil die Hexe komisch und gemein aussah. Die Prinzessin weinte und weinte den ganzen Tag. Dann sah sie den Prinzen, und er machte eine Leiter für sie, und das dauerte schrecklich lange. Bevor der Prinz zur Armee ging, zeigte er dem Mädchen den Weg, und sie schlich sich davon. Und ihre Mutti sagte: »Wer ist sie denn?« Und ihr Papi sagte: »Wer ist denn das?« Und sie sagte: »Es ist *Mary*.« Und sie sagten: »Ach ja, ich kenne sie.«

JOYCE[1] war ein arthritisches Kind, das die Betreuung durch die Mutter weitgehend entbehren mußte, obwohl es sie bei seiner Krankheit so sehr nötig gehabt hätte; das hatte schwerwiegende Auswirkungen auf ihre Persönlichkeitsentwicklung. Im Alter von fünf Jahren bekam sie deformierende Arthritis und verbrachte von fünf bis fünfzehn einen Teil jedes Jahres in Rainbow. Die Mutter war arm und hatte für sechs Kinder zu sorgen, von denen zwei schwer behindert waren. Das einzige Mal in ihrem Leben, wo Joyce ihre Mutter ganz für sich allein hatte, weil ihre Geschwister bei der Großmutter waren, war sie frei von Schmerzen.

Wie bei anderen Kindern, die die Betreuung durch die Mutter entbehren müssen, wenn sie sie am nötigsten brauchen, bestand auch bei Joyce die Reaktion darin, daß sie sich selbst umsorgte, das heißt, egozentrisch und hypochondrisch wurde und sich in einer Weise um sich und den eigenen Körper kümmerte, als bemuttere sie sich selbst. Als sie neun war, trat aufgrund einer Cortisonbehandlung eine geradezu fabelhafte Besserung bei ihr ein; aber anstatt sich darüber richtig zu freuen, verharrte sie in ihrer hypochondrischen Einstellung, machte sich dauernd Sorgen um sich selber und fragte ständig, wann die Zeit, wo sie auf sein durfte, vorbei sei. Niedergeschlagen blickte sie auf ihr Essen und sagte: »Natürlich ist Chili* meine Lieblingsspeise, aber hat es auch genug Eiweiß für mich?«

[1] Siehe auch Kapitel 9.
* [Chili: Bohnen, Fleisch und viel Gewürz. D. Red.]

Um ihres Körpers willen hatte sie nichts dagegen, periodisch nach Rainbow zurückzukehren, aber sie wehrte Kontakte ab, wollte allein gelassen werden und kümmerte sich ausschließlich um ihren Gesundheitszustand, ihr Aussehen, ihre Haare, ihre eigene Person, ihre Vorlieben und Abneigungen. Diese Einstellung erstreckte sich auch auf ihre ärztliche Behandlung, wo sie selber entscheiden wollte, was getan werden sollte; weder die Schwestern noch die Therapeutin konnten sie dazu überreden, die Anweisungen des Arztes zu befolgen, wenn sie sich dagegen entschieden hatte.

Daß die übertriebene Selbständigkeit von Joyce lediglich eine Abwehr war, ein verzweifelter Versuch, sich selbst zu bemuttern, da ihr die Bemutterung fehlte, zeigte sich zu anderen Zeiten, wenn diese Selbständigkeit vollständig zusammenbrach. Dann – gewöhnlich wenn aus medizinischen Gründen die erneute Aufnahme ins Krankenhaus nötig war – ließ sie sich plötzlich gehen, wurde ungepflegt und verschlampt, das heißt, sie zeigte sich so betreuungsbedürftig wie das verlassene und verlorene Waisenkind, als das sie sich in Wirklichkeit fühlte.

Asthmatische Kinder

Es ist allgemein bekannt, daß unrealistische Verzerrungen der Mutter-Kind-Beziehung auch beim kindlichen Asthma eine Rolle spielen. Zwar können diese Verzerrungen nur in der analytischen Behandlung voll verstanden werden, doch erlaubten die Beobachtungen im Krankenhaus, wenigstens ein paar Fakten und wiederkehrende Muster zu identifizieren.

Ein ungewöhnlich seltsamer Fall war der von Frau M. und ihrem Kind – seltsam jedenfalls, wenn man ihn unter dem Aspekt des Verhaltens der Mutter betrachtet. Diese junge Frau hatte selber an Asthma gelitten und war von einem Arzt darüber belehrt worden, daß ihr eigener Zustand das Kind für die Krankheit prädisponiert habe. Trotzdem klammerte sie sich an den Glauben, ungewöhnliche Ereignisse während ihrer Schwangerschaft hätten die Krankheit des Kindes verursacht. Nach ihrer Überzeugung war sie durch ein »Wunder« geheilt worden, das sich ereignete, als sie bei ihrem Bühnenauftritt in einer kleinen Nebennummer festgestellt hatte, daß sie starke elektrische Ströme aushalten konnte, die durch ihren Körper geschickt wurden. Sie erhoffte, daß bei ihrem Kind ein ähnliches Wunder eintreten würde; fünf Jahre lang hatte sie geduldig darauf gewartet und während dieser Zeit versäumt, das Mädchen in ärztliche Behandlung zu geben. Bei unseren Versuchen, ihre irrationale Einstellung zu entwirren und zu begreifen, wurde ihr klar, daß sie sich in Wirklichkeit zu den Nöten und Sorgen, die durch die Anfälle des Kindes hervorgerufen wurden, selbst verurteilt hatte, als Vergeltung für die Leiden, die sie als Kind wegen ihres Asthmas ihrer eigenen Mutter zugefügt hatte.

JUDY, acht Jahre alt, ist ein weiteres Beispiel für die komplexe Mutter-Kind-Beziehung asthmatischer Kinder.

Judys Asthma hatte begonnen, als sie elf Monate alt war; sie war zweiundzwanzigmal in höchster Not in ein Krankenhaus eingeliefert worden, bevor sie nach Rainbow kam. Bei der Ankunft sah sie krank, abgemagert, alt und verschrumpelt aus und stöhnte laut unter einem Anfall. Am nächsten Tag, als sie frei von Atemnot war, bot sie ein völlig anderes Bild.

Aus dem Bericht der Mutter über die Vorgeschichte ergab sich unter anderem, daß Judy mit elf Monaten plötzlich entwöhnt worden war, weil sie ins Krankenhaus kam, und daß sie damals schon völlig sauber war. Die Mutter räumte auch ein, daß sie eine ganz besondere Beziehung zu diesem Kind hatte, eine ganz andere als zu ihrer erstgeborenen Tochter; sie trug das Kind die ganze Zeit mit sich herum, selbst bei der Hausarbeit und beim Kochen; sie schlief im gleichen Bett mit ihr – trotz den Protesten ihres Mannes. Als das Kind in der Schule war, hatte sie manchmal »einfach gespürt«, daß sie die Schule anrufen mußte, und erfuhr dann jedesmal, daß Judy »gerade einen Anfall gehabt hatte«. (Während Judy im Krankenhaus war, besuchte die Mutter sie nicht nur täglich, sondern rief auch jeden Morgen um sieben Uhr an, um sich nach etwaigen Anfällen zu erkundigen.) Judy hatte stets weniger Anfälle gehabt, wenn ihr Vater sich um sie kümmerte, während die Mutter zur Arbeit ging.

Judy war stolz auf ihre Krankenhausaufenthalte: »Sie geben einem eine Spritze, und man fühlt sich sofort besser. Ich bekam drei Spritzen am Tag, und die anderen Kinder bekamen nur eine... Ich war viel länger unter dem Sauerstoffzelt... Hast du mein Krankenblatt gesehen, es ist dicker als ein Telefonbuch« usw.

Es gab deutliche Hinweise darauf, daß die frühe Entwöhnung und Reinlichkeitserziehung durch die Mutter bei Judy Spuren hinterlassen

hatten. Bei Anfällen verschaffte ihr der Inhalator Erleichterung, sie benutzte ihn jedoch als Schnuller, auch ein leerer erfüllte den Zweck. Ihre Ambivalenz zeigte sich in den vielen zerbrochenen Inhalatoren, die sie durch Unachtsamkeit zerstört hatte, die jedoch andererseits in aller Eile ersetzt werden mußten, damit sie nicht in Verzweiflung geriet. Oral eingenommene Medikamente brachten sofortige Erleichterung, lange bevor sie eine pharmakologische Wirkung haben konnten. Suppositorien wirkten ähnlich, sie fühlte sich sofort »wohl« danach, auch wenn ihr – als Experiment – Placebos gegeben wurden, die kein Medikament enthielten. Im gleichen oral-analen Zusammenhang wehrte sie sich gegen Maßnahmen zur Entfernung des Schleims, um die Atmung zu erleichtern.
Keiner von uns hatte den geringsten Zweifel daran, daß für Judy ihre entkräftende Krankheit das Mittel lieferte, sich auf einer sehr infantilen Ebene an der Beziehung zu ihrer Mutter festzuklammern. Ihre Einstellung zu Inhalator, Suppositorien und dem Schlucken von Schleim stellte die Umkehrung ihrer frühkindlichen Fügsamkeit gegenüber Erziehung zur Sauberkeit und Entwöhnung dar, die in der überhitzten, übermäßig besitzgierigen Beziehung dieser Mutter zu ihrem Kind stattgefunden hatten.

MARIONS Fall bestätigte, daß das Schlucken von Schleim für viele asthmatische Kinder charakteristisch ist.[2] Nach Angabe der Mutter war es nicht möglich, dem Kind beizubringen, sich die Nase zu putzen; sie schluckte bei Tränenausbrüchen einfach ihren Schleim, was Husten und Atemnot zur Folge hatte. Marions Persönlichkeitsstruktur bestätigte die anale Natur dieses Symptoms. Sie hortete und sammelte; obwohl sie kaum mit ihren vielen Spielsachen spielte, wollte sie immer mehr und von denen, die sie schon hatte, ein zweites Exemplar. Sie bat um Dinge, die für andere wertlos waren, wie Schachteln, Bänder, Bindfaden, Papier, und hob alles sorgfältig auf. Sie vermied Farben, Modellierton, Klebstoff usw., weil sie sehr darauf bedacht war, sich sauberzuhalten. Während sie sich in jeder anderen Weise dem Ideal ihrer Mutter von einem sauberen Kind anpaßte, bot ihr offensichtlich ihr Symptom das einzige Mittel, um »schmuddlig« sein zu können. Sie hob ihren Schleim auf, wie sie die kleinen Gegenstände aufhob, die sie »für immer« behalten wollte.

[2] Weiteres Material über Marion findet man in Kapitel 7.

Da Marion daheim fortwährend Anfälle hatte, bekam sie stets ihren Willen, und sie nutzte ihre Macht aus. Im Krankenhaus gebärdete sie sich, wenn ich ihr nicht das Getränk liefern konnte, auf das sie Lust hatte, ganz verzweifelt, rief »Mutti – Mutti – Mutti«, weinte, schluckte Tränen und Schleim, hustete, verhielt sich genau wie daheim – aber interessanterweise bekam sie *keine* Atemnot. Nachdem sie aufgehört hatte, akzeptierte sie, was ich zu bieten hatte, und fragte dabei: »Warum muß ich bloß immer nach meiner Mutti rufen?« Auch in ihrem Fall war offenbar die Asthmareaktion an die Gegenwart der Mutter gebunden.
Während fünf Monaten in Rainbow hatte Marion nur eine einzige kleine Phase von Atemnot – im Anschluß an ihre Rückkehr von einem Wochenende zu Hause.

Es wird häufig angenommen, die Besserung, die bei asthmatischen Kindern im Krankenhaus eintritt, sei auf die staubfreie Umgebung, ein geeigneteres Heizungssystem usw. zurückzuführen. Rainbow war jedoch nicht so staubfrei wie Judys und Marions elterliche Wohnungen, die mit speziellen Anlagen ausgestattet waren, um eine staubfreie Atmosphäre zu gewährleisten. Und im Falle Sallys brachte auch die staubfreie oder rauchfreie Atmosphäre keine Besserung.

SALLY war, nach der anfänglichen akuten Phase, während ihres Aufenthaltes in Rainbow frei von Anfällen. Jedesmal jedoch, wenn sie von Wochenendbesuchen daheim zurückkam, war sie so krank, daß es fast die ganze folgende Woche dauerte, bis sie wiederhergestellt war. Ihre Mutter, die überzeugt war, daß die Heizungsanlage in ihrem Haus daran schuld sei, nahm Zimmer in einem Motel, um ihr »ein gutes, erfreuliches Wochenende« zu verschaffen. Das hinderte jedoch nicht, daß das alte Muster sich wiederholte, und Sally (damals ungefähr neun Jahre alt) blieben die heftigsten Anfälle nicht erspart.
Sally erzählte von ihren Anfällen, die meistens nachts auftraten, wenn ihr Vater von der Arbeit zurück war. »Ich weiß, es ist alles in meiner Lunge, aber wenn ich den Mantel sehe – dann denke ich immer, es ist ein Ungeheuer. Mein Vater tut ihn immer so hin, daß ich ihn sehe und mich daran gewöhne. Ich weiß, daß es nur ein alter Mantel ist, aber wenn ich ihn ansehe, dann ist er ›Frankenstein‹! Er ist ein Ungeheuer und kommt nachts und setzt sich den Menschen auf die Brust und drückt ihnen den Hals zu, bis sie nicht mehr atmen können und ihnen der Kopf abfällt.«

Obwohl es für die meisten Ärzte heute selbstverständlich ist, daß Asthma keine rein physische, sondern eine psychosomatische Krankheit ist, bedürfen doch die genauen Einzelheiten der pathogenen Wechselwirkung zwischen Psyche und Körper noch der Erhellung. Auf der seelischen Seite Unzulänglichkeiten und Unbefriedigtsein in der frühen Mutter-Kind-Beziehung; übermäßige Angst, übergroße Nachgiebigkeit oder Behütung auf seiten der Mutter, eine orale Anlage und das Vorhandensein gewisser archaischer Phantasien auf seiten des Kindes: alle diese Dinge sind als Kausalfaktoren angeführt worden. Ängste, Aggressionen und Gefühlsverwirrungen tragen offensichtlich dazu bei, den Zustand des Patienten zu verschlimmern.

Auf der Verhaltensseite konnten wir im Krankenhaus beobachten, wie das asthmatische Kind wartete und darauf achtete, wie sein Atmen immer mühsamer wurde, wie seine Angst gleichlaufend mit den akuten Beschwerden wuchs und dann während des Anfalles überwältigend wurde. Es erschien verständlich genug, daß die Kinder auf dem Gipfel ihrer Angst Hilfe bei ihrer Mutter und nicht bei uns suchten. Ferner wußten die Kinder, daß schon das geringste Keuchen, wenn ihre Mutter da war, bei ihr die gleiche Angst erweckte, die sie selber fühlten. Diese gemeinsame Reaktion verstärkte bei allen unseren Fällen noch die bereits übermäßig starke Bindung zwischen Mutter und Kind.

Auf der anderen Seite ist es für Asthma charakteristisch, daß das Leiden, wenn es sich einmal festgesetzt hat, durch die Gegenwart der Mutter nicht besser, sondern schlimmer wird. Bei asthmatischen Kindern tritt regelmäßig eine Besserung ein, wenn man sie aus ihrer gewohnten Umwelt herausnimmt. In Rainbow wurde oft medizinisch bewiesen, daß die Trennung physisch förderlich war, die Behandlung unterstützte, die Lungenfelder aufhellte usw.

Gewöhnlich blieb die durch den Krankenhausaufenthalt erzielte Besserung, so auffallend sie in manchen Fällen war, nicht erhalten, wenn das Kind wieder daheim war. Angesichts der tief verwurzelten Natur psychosomatischer Störungen konnte das schwerlich anders sein. Indessen genügte oft die bloße Tatsache, daß die Trennung zu einer Besserung geführt hatte, um die Eltern zu ermutigen, eine längerdauernde Unterbringung in einer Klinik oder eine analytische Behandlung für ihr Kind in Erwägung zu ziehen.

14. Heimkehr

Während Aufnahmeverfahren wie die im Rainbow-Krankenhaus entwickelten in vielen Fällen den Übergang des Kindes vom normalen Leben zu dem eingeschränkten Dasein im Krankenhaus erfolgreich erleichterten, hat man dem anderen Ende des Krankenhauserlebnisses weniger Aufmerksamkeit gewidmet: was geschieht, wenn das Kind das Krankenhaus verläßt und in seine Familiengemeinschaft zurückkehrt? Was unsere eigenen Patienten betrifft, so haben wir keinerlei systematische, umfassende Nachfolgeuntersuchungen über ihre Anpassung. Wir besitzen bis jetzt lediglich zufällige Informationen über einige Patienten, und eine Fülle von Fragen harrt noch der Beantwortung.
Es besteht kein Zweifel, daß im Geiste aller unserer Patienten »Heimkehren« als eine ohne Einschränkungen lustvolle Phantasie wohnte, mit magischen Erwartungen ausgestattet, an die sie sich klammerten. Trotzdem war in vielen Fällen die Kluft zwischen dieser imaginären Vorstellung und ihrer Verwirklichung beträchtlich.
Bei manchen Kindern stellte zweifellos das Leben im Krankenhaus geringere Ansprüche an ihre Fähigkeiten als das Leben daheim; die äußere Umwelt entsprach besser ihren begrenzten Fähigkeiten, sich zu bewegen oder ohne fremde Hilfe nach draußen zu gehen; sie hatten wertvolle Kontakte gewonnen, und es wurden ihnen unterhaltende Betätigungen und Bildungsmöglichkeiten geboten. Sogar der routinemäßige Tagesablauf selbst vermittelte ihnen oft ein Gefühl der Sicherheit.

Als Danny, acht Jahre alt, nach Hause zurückkehrte, konnte er nicht verstehen, warum sein Frühstück nicht acht Uhr fünfzehn, sein Mittagessen elf Uhr dreißig aufgetragen wurde, und warum sein Mittagsschlaf nicht pünktlich begann. Er hatte sich daran gewöhnt, zu genau festgelegten Zeiten seine Medikamente einzunehmen und sich für die physiotherapeutische Behandlung bereit zu machen, und er vermißte das. Obwohl er glücklich darüber war, daß seine physische Besserung seine Rückkehr nach Hause erlaubte, machte Danny sich Sorgen, es könne ihm wieder schlechter gehen, wenn er nicht genauso wie im Krankenhaus behandelt würde.

Während manche Kinder keine ambivalenten Gefühle an den Tag legten, als sie heimkehrten, ihren Freunden und dem Krankenhaus gern den Rücken kehrten und sich ganz von den neuen Erlebnissen gefangennehmen ließen, zeigten andere wieder offen ihr Widerstreben und agierten sogar ihr Nicht-fortgehen-Wollen dadurch aus, daß sie Stürze hatten oder sich Verletzungen zuzogen, die ihren Aufenthalt verlängerten. Bei ihnen hielt offenkundig die innere Bereitschaft, wieder ein normales Leben aufzunehmen, nicht Schritt mit der physischen Wiederherstellung.

Wir wissen bis jetzt wenig über die langdauernden Nachwirkungen chronischer Krankheit auf die Persönlichkeitsentwicklung. Daß der Grad der verbliebenen physischen Beeinträchtigung nicht allein über Erfolg oder Mißerfolg der Anpassung entscheidet, beweist die Erfahrung. Robert, der taub und blind war, fand nach der Entlassung einen erfolgreichen Platz im Leben; Gene, bei dem nur ein leichtes Hinken zurückgeblieben war, war besessen von dem Verlangen, das dadurch zu kompensieren, daß er irrsinnig schnell Auto fuhr, bis er dann durch einen Autounfall ums Leben kam. Stützkorsetts, Gipsverbände oder selbst das Leben im Rollstuhl wurden leichter hingenommen als geringfügigere Beeinträchtigungen, bei denen die Konkurrenz mit der Welt der Gesunden möglich ist.

Auf der anderen Seite war natürlich zu beobachten, wie die Anpassung von der häuslichen Atmosphäre abhängig war, in die das Kind zurückkehrte. Manche Eltern schienen selber nicht imstande zu sein, sich mit der Behinderung des Kindes abzufinden, oder hatten nicht genügend Selbstvertrauen, um die Verantwortung für die Nachsorge zu übernehmen. Den nicht speziell dafür Ausgebildeten stellt die Behandlung eines auch nur teilweise behinderten Kindes vor viele Schwierigkeiten; in diesem Bereich konnten Krankenschwestern, Physiotherapeutin und ich selbst oft entscheidende Hilfestellung leisten.

Wenn wir aus der Entfernung die weitere Entwicklung entlassener Patienten beobachteten, waren wir stark beeindruckt davon, welch entscheidende Rolle der Mutter bei der Aufgabe zukommt, die Kinder zu einer befriedigenden Anpassung an die heimische Umgebung hinzuführen und ihnen zu helfen, die Schocks des Krankenhauserlebnisses zu integrieren und zu überwinden.

Ein Beispiel dafür war Nancy, die nach einer Operation an der Wirbelsäule und einer langen Genesungszeit sich mit der Unterstützung durch eine ungewöhnlich verständnisvolle Mutter wieder an das Leben angepaßt hatte – und zwar in solchem Maße, daß sie jetzt bereit war, anderen in ähnlicher Weise zu helfen. Mit dreizehn Jahren schrieb sie den folgenden Brief an Jackie, einen fünfjährigen Jungen, der für die gleiche Operation vorbereitet wurde:[1]

Lieber Jackie,
ich heiße Nancy M. und hatte die gleiche Operation, die Du vor Dir hast, deshalb dachte ich, Du würdest vielleicht gern ein wenig darüber wissen.
Zu allererst muß ich zugeben, daß ich zuerst ziemlich Angst hatte, aber Du brauchst Dir darüber keine Sorgen zu machen, denn die Schwester wird Dir eine Medizin geben, die Dir hilft, zu entspannen und keine Angst mehr zu haben.
Wenn die Operation vorbei ist, tut es etwas weh, aber die Schwester gibt Dir dann gleich auch dafür eine Medizin. Dann wirst Du wahrscheinlich etwa vier oder fünf Tage lang meistens müde sein und nur ausruhen wollen, und wenn diese Zeit um ist, wirst Du anfangen, Dich viel besser zu fühlen.
Wenn der Doktor Dich in Deinen Körpergips packt, wird Dir das zuerst vielleicht ein bißchen unangenehm sein, etwa eine Woche lang, aber dann gewöhnst Du Dich ganz gut daran. Du kannst dann fast alles tun, außer gehen und aufsitzen. Wenn dann alles vorbei ist, wirst Du, glaube ich, sehr froh sein, daß Du es hinter Dich gebracht hast. Ich jedenfalls bin es ganz gewiß. Ich kann jetzt schon gehen und fühle mich prima in meinem Gehgips. Ich bin jetzt daheim, und es tut mir leid, daß ich Dich nicht besuchen kann.
Dann kommst Du bestimmt in das Rainbow-Krankenhaus und bleibst dort eine Weile. Ich glaube, es wird Dir dort besser gefallen als in der Kinderklinik oder wo sonst Du operiert wirst. In Rainbow ist viel mehr los als in jedem anderen Krankenhaus, und ich glaube, daß Du Dich dort sehr wohl fühlen wirst.
Ich wünsche Dir also alles nur erdenkliche Glück und will noch einmal sagen, daß Du sehr froh sein wirst, wenn Du alles hinter Dich gebracht hast.

Alles, alles Gute!
Nancy.

[1] Über weitere Bemühungen, Jackie vorzubereiten, siehe Kapitel 7.

III. TEIL

Schlußfolgerungen

15. Schlußfolgerungen

Was folgt, ist eine Anzahl von Bemerkungen, die helfen sollen, das vorangegangene Material vom Standpunkt seiner praktischen Verwertbarkeit zu beleuchten.

Chronische und akute Krankheit und ihre Wirkungen

Die kindlichen Patienten, die in diesem Buch auftauchen, leiden an den schwersten, langdauernden Krankheiten. Das will nicht heißen, daß die aus ihrer Beobachtung abgeleiteten Schlußfolgerungen für die gewöhnlichen Kinderkrankheiten oder die rasch ablaufenden Unpäßlichkeiten der Kinderjahre keine Gültigkeit hätten. So groß der Unterschied zwischen den beiden Krankheitsformen auch sein mag, für die Gefühlsreaktionen der Kinder sind beide mehr oder weniger das gleiche, und die Bedeutung der äußeren Wirklichkeit wiegt weniger in dieser Beziehung als die Bedeutung des Krankseins in ihrer Innenwelt.
Bei Kindern, die *chirurgischen* Eingriffen ausgesetzt sind, ist es kaum zu übersehen, daß auch die geringste Erfahrung dieser Art die immer bereite Angst wecken kann, verstümmelt zu werden, einen wichtigen Körperteil zu verlieren usw. Ob die Operation selbst eine so weitgehende ist wie die Lindas (7. Kapitel) und Jackies (7. Kapitel) oder so geringfügig wie diejenige Marions (7. Kapitel), spielt dabei keine große Rolle. Die gewöhnlichsten Mandel-, Wucherungs- oder Nabelbruch-Operationen rufen ganz offenbar die gleichen panischen Angstzustände hervor, wie Thesi Bergmann sie bei Carl (11. Kapitel), Henry (8. Kapitel) und Larry (12. Kapitel) beobachten konnte.
Die Unterschiede zwischen großer und kleiner Chirurgie, die für die

Kinder selbst so wenig bedeuten, sind andererseits von größter Wichtigkeit für die Einstellung der erwachsenen Umwelt. Die Eltern, Ärzte oder Pflegepersonen sind gewohnt, Vorkommnisse objektiv und realistisch zu beurteilen, und haben darum wenig Verständnis für die Ängste der Kinder, solange sie sich auf Dinge beziehen, die der Vernunft als harmlos erscheinen müssen, wie notwendige Besuche beim Zahnarzt, Höhensonnenbestrahlungen, Injektionen, Impfungen usw. Ihr Mitgefühl erwacht erst, wo die inneren und äußeren Gefahren, die subjektiv empfundenen und objektiv vorhandenen Bedrohungen für Leben und Gesundheit des Kindes in eins zusammenfallen.

Von diesem Gesichtspunkt aus gesehen, ist es ein offenbarer Vorteil, die kindliche Angst vor der Krankheit den Lesern an Fällen vor Augen zu führen, bei denen sie auch dem Uneingeweihten verständlich ist, und dann erst begreiflich zu machen, daß für die Einbildungskraft dieser Jahre das Ziehen eines Zahns, das Abnehmen einer Blutprobe oder das Öffnen eines Geschwürs dieselbe traumatische Wirkung haben können wie die Amputation von Gliedmaßen oder der Verlust eines Auges; daß Kinder hilflos diesen Ängsten ausgesetzt sind und alles Recht haben, Trost, Beschwichtigung und Beistand zu erwarten.

Auch die nicht seltene Auffassung der Kinder von *Krankheit als Strafe* macht keinen Unterschied zwischen leicht und schwer. Für viele Kinder ist jede Erkältung, jedes körperliche Unbehagen die Folge von Unfolgsamkeit, ein Zeichen, daß sie Verbotenes gegessen, warme Kleider oder Überschuhe trotz Warnung der Eltern nicht angezogen oder anbehalten haben. Was die Kinder hier beunruhigt, ist weniger die Schlimmheit und die ihr zugeschriebene Wirkung an sich als die symbolische Bedeutung beider, das heißt, die Bestätigung des Glaubens, daß jede Missetat, auch die geheimste, sich rächt und daß auch andere noch unentdeckte, vielleicht noch nicht einmal begangene Untaten in gleicher Weise ihre Bestrafung finden werden. Vorstellungen dieser Art verstärken die Schuldgefühle, die in jeder Kindheit eine Rolle spielen, und steigern sie gelegentlich bis zur Unerträglichkeit, ganz gleichgültig, ob die angebliche Schicksalsstrafe die Form einer schweren rheumatischen Krankheit angenommen hat (siehe Ernest oder Ruth, 10. Kapitel) oder als Schnupfen, Halsweh, Magen- und Bauchschmerz auftritt.

Was die verschieden lange *Dauer* der chronischen und akuten Krankheiten angeht, erwarten wir mit Sicherheit eine sehr verschiedene Einstellung der Kinder; aber auch da zeigt sich zu unserem Erstaunen das Gegenteil. Für die Erwachsenen liegt eine Welt der Verschiedenheit zwischen einer kurzen (vielleicht dreitägigen oder einwöchigen) Zeit der Bettruhe oder des Klinikaufenthalts eines Kindes und seiner Monate oder Jahre dauernden Verbannung aus der Welt der Gesunden; für die Kinder selbst, besonders für die jüngsten, ist dagegen keine Krankheit kurz. Jede Fesselung ans Bett, jede Diät, jeder Klinikaufenthalt dauert eine Ewigkeit. Was die Umwelt hier nicht genügend in Betracht zieht, ist der Umstand, daß ein objektives Gefühl für den Zeitablauf erst verhältnismäßig spät im Leben des Individuums erworben wird. Auch der Erwachsene, der gelernt hat, Uhr und Kalender zu Hilfe zu nehmen, fühlt gelegentlich, daß die Zeit »unglaublich rasch« vergeht, wenn sie mit Angenehmem ausgefüllt ist, und »endlos« erscheint, wenn es sich um Langeweile, Schmerzerlebnisse oder ängstliche Erwartung handelt. Was aber für den Erwachsenen die Ausnahme ist, ist für das Kind die Regel. Kinder messen den Zeitablauf weder mit mechanischen Mitteln noch mit Hilfe ihres verständigen Ichs, sondern aufgrund der raschen oder langsamen Aufeinanderfolge von Bedürfnis und Befriedigung. Aufschübe von Befriedigung sind schwer erträglich, gleichgültig ob der Drang danach ein rein triebhafter ist oder nur ein Wunsch nach Anwesenheit der Mutter, nach Unterhaltung, nach Beschäftigung, nach körperlicher Betätigung, nach Beruhigung, Schmerzstillung usw. Da jede Krankheit Entbehrungen und Einschränkungen mit sich bringt, ist jede Krankheit, auch die kurzdauernde, für das Gefühl des Kindes »lang«. Auch in dieser Hinsicht mag es für die erwachsene Umwelt leichter sein, Mitgefühl zu haben, wo es sich um chronische Erkrankungen handelt, und erst aufgrund dieser Erfahrung den Weg zur Einfühlung in die so unberechtigt erscheinende Ungeduld des akut erkrankten Kindes zu finden.

Daß es schließlich in einer Klinik wie der oben geschilderten ausgezeichnete Möglichkeiten gibt, um *kranke Kinder eingehend zu beobachten und zu studieren,* bedarf keiner weiteren Erklärung. In den Kinderstationen der allgemeinen Krankenhäuser, aus denen die Patienten nach kurzem Aufenthalt wieder verschwinden, um von anderen abgelöst zu werden, sieht der Beobachter nicht viel mehr als die ersten Folgen der Trennung der Kinder vom Elternhaus, das heißt, ihre Angst, ihre Sehnsucht nach den vertrauten Pflegepersonen, ihre Verzweiflung, Ablehnung oder Auflehnung einer ihnen fremden Ordnung gegenüber, bestenfalls ihre Einfügung aufgrund oberflächlicher Gefügigkeit. Erst wenn der Klinikaufenthalt lange dauert, wie in den oben geschilderten Fällen, sehen wir auch, wie Kinder sich an die neue Umwelt gewöhnen, ihr Zutrauen und ihre Anhänglichkeit auf Pflegerinnen und Ärzte übertragen und aufgrund dieser neuen Bindungen die auf die Krankheit bezüglichen Zweifel, Sorgen und Phantasien mitteilen, was es dann möglich macht, das Kind zu verstehen und ihm Hilfe zu bringen. Was wir auf solche Art von den chronisch Kranken lernen, kann ohne Zweifel allen Kindern, auch den uns weniger vertrauten, zugute kommen.

Probleme der Psychosomatik. Die Beziehungen zwischen physischen und psychischen Vorgängen

Wann immer wir uns in eingehender Weise mit den Entwicklungsvorgängen in der frühen Kindheit beschäftigen, stoßen wir auf die engen Beziehungen zwischen physischen und psychischen Vorgängen, auf die die in diesem Buch enthaltenen Krankengeschichten einiges Licht werfen können.

Soweit gut studierte Krankheitsformen wie Asthma, Ekzeme, gewisse Herzzustände, Magengeschwüre usw. in Betracht kommen, ist der psychische Beitrag zur körperlichen Störung heute allgemein akzeptiert. Wir wissen auch, daß die »Psychosomatik«, die in ihnen ihren Ausdruck findet, für den Anfang des Lebens und besonders für das erste Lebensjahr charakteristisch ist. In der Zeit vor Sprach- und Denkentwicklung nehmen die Gefühle für ihre Äußerung normalerweise den Weg über den Körper, das heißt über Hautreaktionen, Schlaf-, Essens- und Verdauungsstörungen. Wir gehen in den voranstehenden Kapiteln nur einen Schritt weiter, wenn wir zu zeigen versuchen, daß auch in den schweren, organischen Affektionen unserer Patienten Gefühle wie Verzweiflung, Hoffnung, Angst, Schuld, Ergebung in das Schicksal usw. eine Rolle spielen, daß sie zum Krankheitsausbruch beitragen, Besserungen befördern oder aufhalten können wie zum Beispiel bei Elizabeth (10. Kapitel) oder gelegentlich sogar für oder gegen die mögliche Wiederherstellung entscheiden wie bei Stephen (12. Kapitel) oder bei Carl (11. Kapitel).

Daß heute die *Macht der Gefühle über den Körper* mehr oder weniger allgemein anerkannt ist, heißt andererseits nicht, daß das gleiche auch für den umgekehrten Vorgang gilt. Es ist keineswegs leicht, die ärztliche Welt davon zu überzeugen, daß körperliche Vorgänge für das psychische Leben des Kindes von Bedeutung sind. Bei aller Anerkennung, daß Ärzte und Krankenschwestern sich in ihren Handlungen von medizinischen oder chirurgischen Notwendigkeiten leiten lassen müssen, vertreten wir im folgenden die Ansicht, daß nicht nur alle Einzelheiten einer Krankheit, sondern auch jeder ärztliche Eingriff und jede Pflegehandlung, so wohltätig sie für den Körper sein mögen, häufig genug für das Gefühlsleben des Kindes von nachteiliger Wirkung sein können.

1. Zu den Erfahrungen jedes Kleinkindes gehört der Wechsel von Befriedigungen und Lusterlebnissen einerseits und Versagungen, Unbehagen, Körperschmerz usw. andererseits. Es ist wichtig, daß erstere häufiger vorfallen als letztere oder daß beide sich zumindest die Waage halten, so daß das Gleichgewicht zwischen *Lust und Unlust* ungestört bleibt. Normalerweise entwickelt sich der erste Ichbegriff des Neugeborenen aufgrund der Lustgefühle, die im Zusammenhang mit der Befriedigung von Körperbedürfnissen entstehen, bei der Nahrungsaufnahme, Sättigung, Körperpflege usw. Wir sagen, das Kleinkind wendet seine ersten Liebesgefühle diesen Erlebnissen zu bei gleichzeitiger Abwendung von den Unlustgefühlen, die ihrerseits die Ichentwicklung stören und aufhalten, anstatt sie zu fördern. Wo schmerzhafte Erkrankungen im ersten Lebensjahr vorfallen oder schmerzhafte ärztliche Eingriffe notwendig werden, erwarten wir darum mit Recht nachteilige Folgen für den allgemeinen Entwicklungsfortschritt.

2. Bei älteren Kindern finden wir häufig einen auffallenden Widerstreit zwischen dem durch die Krankheit bedingten Bedürfnis nach *Pflege* und einer aus anderen Quellen stammenden Unfähigkeit, sich pflegen zu lassen. Erwachsene, die in Zeiten der Gesundheit ihrer körperlichen Unabhängigkeit sicher sind, können es sich erlauben, in Krankheitszeiten vorübergehend in den Zustand kindlicher Hilflosigkeit zurückzufallen und alle Entscheidungen über körperliche Dinge dem Arzt oder der Krankenschwester zu überlassen. Nicht so die Kinder, die eben erst gelernt haben, ihren Körper in eigene Verwaltung zu nehmen, und für die das Aufgeben dieser Selbständigkeit einen empfindlichen Rückschritt bedeutet. Manche wehren sich standhaft gegen die Regression, lehnen die Pflege ab, benehmen sich als unkooperative »schwierige« Patienten wie Stephen (12. Kapitel); andere geben die früheren Erwerbungen auf, sinken in die Hilflosigkeit zurück und lassen passiv alles mit sich geschehen wie Keith (8. Kapitel) und Harriet (11. Kapitel). Von der normalen Kinderentwicklung aus gesehen, sind beide Einstellungen in gleichem Maße unerwünscht und enthalten Gefahren.

3. Vom Standpunkt der Ärzte und Pflegerinnen ist es begreiflich, daß sie nicht gern erfahren, welche phantastischen Formen ihre praktischen Handlungen in der Phantasie der Kinder annehmen. Nicht alle Kinder urteilen so objektiv wie Dave (11. Kapitel), der die Schwester lobt, weil sie trotz seines Sträubens pflichtgetreu ausführt, was für ihn notwendig ist. Die meisten verlieren den Halt an der Wirklichkeit und stehen ganz unter der Herrschaft ihrer Ängste, die wie bei Marion (7. Kapitel) eine einfache Blutprobe als einen feindlichen Angriff erscheinen lassen. Solche Entstellungen des wahren Sachverhalts sind am deutlichsten bei Operationen, die je nach Alter und Entwicklungsstand des Kindes von ihm als Vernichtung, als Verstümmelung oder als Kastration gefürchtet werden.

Kinder, die wegen einer Infektionsgefahr isoliert werden müssen, fühlen sich verbannt, aus irgendeinem Grund unwürdig, in der Gemeinschaft anderer zu bleiben. Kinder, die eine Diät einhalten müssen, verstehen nur die damit verbundene Versagung, die besonders dann als unerträglich empfunden wird, wenn eine starke orale Fixierung die Gleichstellung von Essensentzug mit Liebesentzug aufrechterhält. Viele Kinder sträuben sich gegen jede ärztliche Untersuchung in der Angst, daß schädliche Folgen geheimer Masturbation bei solchen Gelegenheiten offenbar werden könnten (siehe Gene, 8. Kapitel). Jede Beschneidung, die nach dem ersten Lebensjahr vorgenommen wird, wird vom Kind als Strafe für die Onanie gedeutet. Ärztliche Eingriffe an Körperöffnungen (Klistiere, Gehörgangsausspülungen usw.) können als Verführungsversuche aufgefaßt werden. Jeder schmerzhafte Eingriff wirkt unter anderem auch befördernd auf die jedem Individuum innewohnenden masochistischen Tendenzen (siehe Donna, 6. und 8. Kapitel).

Wir begegnen häufig dem Einwand, daß die vom Klinikpersonal getragene Verantwortung für das körperliche Wohl des Kindes groß genug sei und daß es ungerechtfertigt erscheine, denselben Personen auch die Sorge um psychische Komplikationen zuzuschieben. Ob aber die Kenntnis der letzteren tatsächlich eine Erschwerung der Arbeit bedeuten würde, ist eine offene Frage. Wie die Dinge heute liegen, begegnen wir auf jeder Kinderstation unüberbrückbaren Gegensätzen: auf der einen Seite die praktische, realistische, auf die körperliche Seite gerichtete Einstellung der Erwachsenen, auf der andern die gefühlsmäßige, auf Phantasien aufgebaute Einstellung der Kinder. Der Abstand zwischen beiden ist so groß, daß gute persönliche Bindung und eine fruchtbare Zusammenarbeit fast unmöglich werden, und das Ergebnis ist nur zu oft verständnisloser Ärger des Personals und unnötige Angst- und Verzweiflungsausbrüche der Patienten.

Wie in der Einleitung ausgeführt, ist die Rolle der Kindertherapeutin in der Klinik eine vermittelnde. Es ist für die Erwachsenen ebenso bedeutsam, die kindlichen Reaktionen besser verstehen zu lernen, wie es für die Kinder wichtig ist, sich von ihren Phantasien zu befreien und eine vernünftige Einstellung zum Körper, zur Krankheit und zur ärztlichen Hilfe an ihre Stelle zu setzen. Solche Fortschritte im gegenseitigen Verständnis können beiden Parteien nur zugute kommen. Sie verbessern die Stimmung im Krankensaal und schaffen eine Atmosphäre, in der die Heilungsprozesse reibungsloser vor sich gehen.

Psychotherapeutische erste Hilfe im Kinderkrankenhaus
Technische Fragen

Wir nehmen an, daß die Erwartungen unserer Leser in zwei wichtigen Beziehungen unerfüllt geblieben sind. Unser Buch enthält keine genauen Anweisungen, auf welchen Wegen es möglich ist, in die Gedankenwelt der Kinder einzudringen und das Material zutage zu fördern, auf das die Hilfeleistung aufgebaut werden muß; noch gibt es Auskunft, wie man entscheidet, welche Art von Hilfe im gegebenen Fall die geeignetste ist. Wir schildern zwar, wie die Kliniktherapeutin in den individuellen Fällen vorgeht, aber wir sagen nicht, warum ihr Eingreifen ein so verschiedenes ist – aus welchen Gründen sie die Vorbereitung auf die Operation bei Harriet (7. Kapitel) in die Länge zieht und bei Marion (7. Kapitel) beschleunigt; warum sie Donnas Verleugnungen anders behandelt als diejenigen Bettys (11. Kapitel); oder warum es für Ruby (7. Kapitel) besser ist, ihren Gefühlen freien Lauf zu lassen, während andere Kinder in demselben Zustand getröstet und beschwichtigt werden.

Wir können zu unserer Verteidigung nur sagen, daß das Fehlen von Antworten auf solche Fragen weder zufällig noch unbeabsichtigt ist. Wir teilen die Meinung, daß technische Vorschriften für die beschriebene »erste Hilfe« in Kinderkliniken dringend erwünscht sind, sind aber gleichzeitig überzeugt, daß es voreilig wäre, solche Anweisungen zu geben. Versuche in dieser Richtung, die man an mehreren Orten in

Gang gebracht hat[1], sind noch in ihren Anfängen und nicht gesichert genug, um schon veröffentlicht, gelehrt und allgemein empfohlen zu werden. Für den gegenwärtigen Zeitpunkt erscheint es besser, jedem einzelnen Arbeiter auf dem Gebiet die Wahl seines Zugangs zu den Kindern ebenso wie die Gestaltung seiner Behandlungsmethoden zu überlassen und zu hoffen, daß wir uns durch die unvermeidlichen Irrtümer durcharbeiten und am Ende dazu kommen werden, allgemeingültige, erprobte technische Regeln aufzustellen.

Was in diesem Buch an therapeutischen Hilfsmitteln zu finden ist, stammt aus einigen anderen Arbeitsgebieten, aus denen sie entlehnt und, je nach Bedarf, den äußeren Bedingungen des Krankenhauslebens angepaßt worden sind. Wir erkennen Beiträge rein erzieherischer Art ebenso an wie Beiträge aus den Bereichen von Erziehungsberatung, Spieltherapie, Kinderpsychotherapie und Kinderanalyse. Verständnis und Deutung des Beobachteten beruhen durchwegs auf psychoanalytischen Grundlehren, das heißt, auf der Überzeugung, daß jedes Kind, trotz seiner gefühlsmäßigen Abhängigkeit von den Eltern, auch eine selbständige Persönlichkeit vorstellt, die verschiedene Instanzen in sich einschließt: eine triebhafte Unterwelt; ein Überich, das Ideale und Vorschriften enthält, soweit das Kind sie sich zu eigen gemacht hat; und ein vernünftiges Ich, das die Aufgabe hat, zwischen beiden zu vermitteln und gleichzeitig den Ansprüchen der Außenwelt gerecht zu werden. Diese nie leichte Aufgabe wird, unserer Meinung nach, ohne Hilfe für das Kind fast unlösbar, wenn die durch Krankheit bedingten Versagungen, Einschränkungen und Ängste zu den gewöhnlichen Lebensumständen hinzukommen.

Die Frage des Zugangs zur Gefühls- und Gedankenwelt des Kindes scheint uns an sich keine besonders schwierige. Kinder haben normalerweise den Wunsch, sich mitzuteilen. Wenn die Eltern abwesend sind, braucht es nur die im Krankenhaus nicht immer leicht herzustellende Gelegenheit zu intimem Beisammensein mit einer Ersatzperson, um das Mitteilungsbedürfnis auf die letztere zu übertragen. In Anwesenheit der Eltern muß das Kind ihrer positiven Einstellung zur Klinik sicher sein, bevor es sich ohne Loyalitätskonflikt der Therapeutin mitteilen kann. Diese natürlichen Methoden versagen nur dort, wo es sich im Kind selbst um unbewußte Elemente und Motive handelt, für die reguläre psychoanalytische Deutungstechnik angewendet werden muß.

[1] Beispielsweise in der Kinderkliniek Academisch Ziekenhuis in Leiden, Holland, unter Professor N. G. M. Veeneklaas.

Die praktische Anwendung dieser Gesichtspunkte auf die in diesem Buch geschilderten Fälle ergibt folgendes:

Wir erkennen zahlreiche Situationen, in denen die Aufgabe der Therapeutin sich darauf beschränkt, dem Kind in *mütterlicher Weise* zu Hilfe zu kommen. Ein hervorstechendes Beispiel dieser Art ist Ruby (7. Kapitel), deren Mutter selbst von den Ereignissen so überwältigt wurde, daß sie außerstande war, dem Kind gegenüber ihre Funktion zu erfüllen.

Auch in den Fällen von Linda, Harriet, Jane und Jackie (7. Kapitel) tut die Therapeutin nicht mehr, als wir normalerweise von einer verständigen Mutter erwarten dürfen. Alle Kinder, auch die gesunden, kämpfen zuzeiten mit Ängsten, Schuldgefühlen und schreckhaften Phantasien und brauchen den Halt des *Hilfs-Ichs* der Mutter, um realitätsfähig zu bleiben. Die Aufklärung von Mißverständnissen, die Ersetzung des Unvernünftigen durch Vernunft und der Kampf gegen Verleugnung wichtiger Tatsachen gehören zu den gewöhnlichen Erziehungsaufgaben, denen in Zeiten der Krankheit doppelte Bedeutung zukommt. Wo die Mutter fehlt oder versagt, kann die Kliniktherapeutin an ihre Stelle treten.

Auch in Marions Fall (7. Kapitel) ist der Eingriff von *erzieherischer Art*. Überempfindlichkeit, Wehleidigkeit und Zimperlichkeit, wie sie sie zeigt, werden oft vom Kind nur dazu benutzt, um sich wichtig zu machen, um die Umwelt zu provozieren oder um die eigenen masochistischen Neigungen zu befriedigen. Wo das der Fall ist, fühlt das Kind sich erleichtert, wenn ein Machtwort des Erwachsenen dem Spiel ein Ende macht. Gegen eine solche Lösung spricht nur eines: es ist schwer zu entscheiden, wann sie wirklich dem Bedürfnis des Kindes entspricht und wann sie einfach den Unmut des Erwachsenen ausdrückt, dessen Geduld auf eine zu harte Probe gestellt wird. In der Behandlung von Mays Essensverweigerung (13. Kapitel) und Janes Vorbereitung auf die Operation (12. Kapitel) bedient die Therapeutin sich der Methode der *Spieltherapie*, das heißt, sie veranlaßt die Kinder, ihre Konflikte und Ängste von der eigenen Person auf Puppen zu verschieben, im Spiel zum Ausdruck und zur Lösung zu bringen und die so gefundene Lösung dann sekundär wieder auf sich selbst anzuwenden.

Bei Ronnie (5. Kapitel) und Larry (12. Kapitel) wird eine Methode angewendet, die in der Psychotherapie der Erwachsenen unter dem Namen *»Korrektur der Gefühlserlebnisse«* bekannt ist und bei den jüngsten Kindern erfolgreich sein kann. Die Überstrenge von Ronnies Mutter und die Vernachlässigung, die Larry von seiner Mutter erfährt, werden dadurch »korrigiert«, daß die Therapeutin selbst sowie die von ihr beratenen Pflegerinnen sich besonders nachsichtig und besorgt benehmen. Die Kinder entwickeln daraufhin an diesen Ersatzpersonen Mutterbeziehungen ganz neuer Art und machen Entwicklungsfortschritte; die in der Beziehung zu den eigenen Müttern nicht zustande kommen konnten.

Bei Ernest, Cindy und Ruth (10. Kapitel) ist der Vorgang derselbe wie in den allgemein bekannten *psychotherapeutischen Behandlungen* von Kindern. Die Therapeutin gewinnt zunächst das Vertrauen des Kindes, bringt es dann dazu, seine Ängste, Schuldgefühle, Masturbationskonflikte usw. in Worte zu fassen, und erleichtert den Druck, unter dem das Kind steht, durch ihre Aufklärungen. Die Aufgabe ist eine gegebene, wo die Konflikte so nahe an der Oberfläche des Bewußtseins liegen wie bei den erwähnten Kindern. Sie wird schwieriger, wo – wie bei Elizabeth (10. Kapitel) – Mittelglieder gefunden werden müssen. Bei ihr führt ein längerer Weg von den von ihr verurteilten anderen Kindern, deren Verführung sie fürchtet, zu dem Gefühl der eigenen Sündhaftigkeit und erst von dort aus zu den Besorgnissen über den Vater, die den eigentlichen Kern ihrer Konflikte ausmachen.

Bei Bettys Alpträumen (11. Kapitel) schließlich führt nur die *analytische Deutung* zur Aufdeckung des verdrängten Inhalts.

Zukunftsausblicke

Was wir für die Gegenwart zu geben versäumt haben, läßt sich vielleicht andeutungsweise und den Umrissen nach für die Zukunft voraussehen. Es ist zu erwarten, daß eine spezielle Technik der »ersten psychischen Hilfe im Krankenhaus« ihre eigenen Regeln entwickeln wird, soweit sie sich auf ihre Vorbedingungen, den Bereich ihrer Anwendbarkeit, ihre Methoden und die Grenzen ihrer Wirksamkeit beziehen.

Nach den im Vorstehenden geschilderten Erfahrungen zu schließen, wird das Patientenmaterial, mit dem es die Kliniktherapeutin zu tun hat, nie ein einheitliches sein; die Verschiedenheit der körperlichen Krankheiten und der mit ihnen verbundenen psychischen Reaktionen schließt jede Starre der Technik aus. Die verwendeten Methoden müssen zuzeiten auf die Tiefe des Bewußtseins abzielen, zu anderen Zeiten auf seine Oberfläche.

Eine Behandlung, die innerhalb der Klinik vor sich geht, muß außer

dem Patienten und seinen Eltern auch das Klinikpersonal miteinbeziehen.
Behandlungen, die wie die geschilderten mit physischer und psychischer Krankheit und Gesundheit, mit dem Klinikleben und dem Familienleben der Kinder zu tun haben, stellen besonders hohe Ansprüche an die Menschen, die sie ausführen. Zur Vorbereitung für den Beruf des Kliniktherapeuten gehört somit eine gründliche Orientierung in diesen verschiedenen Arbeitsgebieten und darüber hinaus der Besitz einer guten Beobachtungsgabe, ein Interesse an der Entwicklungspsychologie sowie die Fähigkeit, praktische menschliche Beziehungen herzustellen und aus ihnen die notwendigen theoretischen Schlüsse zu ziehen.
Es wird immer Kinder geben, die wie Dave (11. Kapitel) kraft ihrer eigenen Persönlichkeit die schwersten traumatischen Erlebnisse auch ohne Hilfe von anderer Seite überwinden; oder andere – wie Stephen (12. Kapitel) –, die viel zu gestört sind, um von einer »ersten Hilfe« berührt zu werden. Noch andere, wie hier Ann und Judy (beide im 13. Kapitel), werden unerreichbar bleiben, weil sie starr an den Eltern festhalten und unfähig sind, ihr Zutrauen auf die Therapeutin zu übertragen. Aber von solchen Ausnahmen abgesehen, dürfen wir erwarten, daß die meisten akut oder chronisch erkrankten Kinder aus jeder Maßnahme Nutzen ziehen werden, die ihre seelischen Bedürfnisse nicht weniger ernst nimmt als die körperlichen.

Liste der Fallbeispiele

Die Rolle der körperlichen Krankheit im Seelenleben des Kindes

VON

ANNA FREUD

Die Rolle der körperlichen Krankheit im Seelenleben des Kindes*

1. Einleitung

Wir möchten wissen, welchen Einfluß die zahlreichen und unvermeidlichen körperlichen Erkrankungen des Kindesalters auf die seelische Entwicklung des Kindes haben, finden uns aber bei der Bewertung ihrer Rolle durch die Begrenztheit und Einseitigkeit des vorhandenen Beobachtungsmaterials gehindert. In unseren Zeiten ist die Spezialisierung in der Berufsarbeit mit Kindern eine weitgehende. Pflegen, Erziehen, Lehren, Heilpädagogik, Kinderanalyse und Kinderheilkunde sind voneinander abgetrennte Arbeitsgebiete. Wer auf dem einen Gebiet arbeitet, hat wenig oder keine Gelegenheit, auch nur als Beobachter in eines der anderen Gebiete Einblick zu gewinnen.

Kindergärtnerinnen, Lehrer und Kinderanalytiker sehen die ihnen anvertrauten Kinder nicht, sobald sie krank werden[1]; Kinderärzte und Pflegerinnen verlieren den Kontakt mit ihren jungen Patienten, sobald sie gesund werden. Schließlich sind es nur die Mütter, die ihre Kinder in allen Stadien sehen, als Gesunde, Kranke und Rekonvaleszenten, in normalen und abnormen körperlichen und seelischen Zuständen. Aber die Mütter kranker Kinder sind keine objektiven Beobachter. In Zeiten

* [Diese Arbeit erschien erstmals in *Einführung in die Psychoanalyse für Pädagogen, Vier Vorträge*, Hippokrates, Stuttgart 1930. Fünfte, revidierte Auflage unter dem Titel *Psychoanalyse für Pädagogen; Eine Einführung* beim Verlag Hans Huber, Bern und Stuttgart 1971. Der vorliegende Abdruck übernimmt den Text der fünften Auflage (S. 67–81). Die bibliographischen Hinweise sind ergänzt. Ferner sind einige Fußnoten, die der ersten englischen Ausgabe der Arbeit (›The Role of Bodily Illness in the Mental Life of Children‹, in: *The Psychoanalytic Study of the Child*, International Universities Press, New York 1952, VII, S. 69–81) hinzugefügt wurden, hier übernommen. D. Red.]

[1] Eine rühmenswerte Ausnahme von dieser Praxis ist von Dr. Milton J. E. Senn, Departments of Pediatrics and Psychiatry, an der Yale University School of Medicine, New Haven, Conn., eingerichtet worden. [1952.]

schwerer Erkrankung ist ihr Blick durch die Angst um Leben und Gesundheit des Kindes getrübt; und auch in Zeiten leichterer Krankheiten ist ihre Aufmerksamkeit unvermeidlich auf die Notwendigkeit der körperlichen Pflege konzentriert.

Eine Anzahl analytischer Autoren hat in den letzten Jahren den Versuch unternommen, die Wirkung von Spitalaufenthalten auf Kleinkinder zu studieren. Wir verdanken unter anderen René A. Spitz, John Bowlby und James Robertson in London aufschlußreiche Untersuchungen und Dokumentarfilme dieser Art, die aber nicht auf die Wirkung der Krankheit selbst, sondern vor allem auf die durch die Krankheit bedingte Trennung des Kleinkindes von der Mutter gerichtet sind. Die Reaktion des Kindes auf Krankheit, körperliche Eingriffe und körperlichen Schmerz steht bei diesen Untersuchungen an zweiter Stelle.

Unser Material ist etwas reichhaltiger, wo es sich auf die seelischen Nachwirkungen körperlicher Krankheiten bezieht. Eltern, die in einer Konsultation die neurotischen Störungen ihrer Kinder beschreiben, datieren oft den Beginn der Schwierigkeit von dem Ausbruch einer körperlichen Krankheit an, von der an das Kind in seinem Wesen verändert schien. In manchen Fällen treten ferner Stimmungsschwankungen, Veränderungen in den Beziehungen zu Eltern und Geschwistern, Verlust des Selbstvertrauens, Wutausbrüche, zum erstenmal in der Rekonvaleszenz nach schwerer Krankheit auf. Bettnässen, Kotschmieren, Eß- und Schlafstörungen, Schulängste und viele früher aufgetretene und längst überwundene Symptome tauchen unter solchen Umständen von neuem auf. Kinder, deren Intelligenz vorher glänzend funktioniert hatte, zeigen sich nach Krankheiten in der Schule oft gelangweilt und apathisch; andere Kinder wieder erscheinen nach denselben Erfahrungen in merkwürdiger Weise gereift und entwickelt. Wie die oben zitierten Autoren beschreiben, können solche Veränderungen als Folge eines Krankenhausaufenthaltes mit Trennung von den Eltern vorkommen; sie ereignen sich aber auch, wo das Krankenhaus keine Rolle spielt und Kinder ihre Krankheiten im Elternhaus unter Obhut und Pflege der Mutter durchmachen. In der Rolle der körperlichen Erkrankung für das Seelenleben des Kindes ist der Krankenhausaufenthalt nur ein einzelner Faktor in einer Mehrzahl von traumatisch wirkenden, die Entwicklung störenden und schädigenden Einflüssen.

2. Die Auswirkungen der Krankenpflege, der ärztlichen Maßnahmen und chirurgischen Eingriffe

Ehe wir die potentielle traumatische Wirkung der Krankheiten selbst richtig bewerten können, müssen wir uns durch das Verständnis einer ganzen Reihe von Faktoren durcharbeiten, die zwar nur Nebenwirkungen der Krankheitssituation, für das Kind aber unlösbar mit ihr verbunden sind. Für das Kind gibt es keine Unterscheidung zwischen den von der Erkrankung selbst verursachten Leiden und den Leiden, die ihm von der Umwelt auferlegt werden, um die Krankheit zu heilen. Verständnislos, hilflos und passiv muß es beide Arten von Erfahrungen über sich ergehen lassen. Nicht selten sind die Leiden der zweiten Art diejenigen, die die größere affektive Bedeutung für spätere Nachwirkungen oder für die psychische Schädigung des Kindes in der Krankheitsperiode haben.

a) Veränderungen der affektiven Atmosphäre während der Krankheit

Die meisten Eltern benehmen sich dem kranken Kinde gegenüber anders als dem gesunden Kinde gegenüber. Eltern mit asketischen Tendenzen haben Angst davor, das Kind in Krankheitszeiten zu verwöhnen; ihre Methode ist es, das Kind soviel wie möglich sich selbst zu überlassen, keine »Geschichten« zu machen und die Herstellung seiner gesunden Natur und den spontanen Heilungsprozessen zu überlassen. Die Mehrzahl der Eltern verfällt ins andere Extrem. Viele Kinder fühlen sich nie so von Liebe umgeben wie in Krankheitszeiten; Kinder aus kinderreichen Familien erreichen aufgrund einer ansteckenden Krankheit mit Isolierung von den Geschwistern das sonst unerreichbare Ziel ihrer Wünsche: den ungeteilten und unumstrittenen Alleinbesitz der pflegenden Mutter. Manche Mütter schieben in der Besorgnis um das Kind alle Erziehungsforderungen für die Zeit der Krankheit beiseite zugunsten einer ihnen sonst fremden Nachgiebigkeit. Andere vergessen aufgrund derselben Angst die elementarsten Grundregeln psychologisch richtigen Umgehens mit dem Kind, die ihnen sonst geläufig sind: Schocks durch Zwangsfütterung und Klistiere, plötzliche Trennungen (für Krankenhausaufenthalt), Lügen und Täuschungen gelten ihnen für nichts, solange sie nur die Genesung des Kindes gewährleisten. Das Kind seinerseits reagiert traumatisch auf diese ihm unverständlichen Veränderungen im Benehmen der Mutter, findet sich in dem Umsturz der sonst geltenden affektiven und moralischen Werte nicht mehr zurecht oder kann nach der Genesung auf den ihm während der Krankheit gewährten Lustgewinn nicht mehr verzichten.

b) Die Wirkung der Krankenpflege

Wir verstehen die Reaktion der Kinder auf die Situation der Krankenpflege am besten im Vergleich mit den häufigen und besser beschriebenen Reaktionen Erwachsener in der gleichen Lage.[2]

Ein affektiv gesunder, körperlich schwerkranker Erwachsener kann nicht umhin, sich unter den Bedingungen der Krankenpflege in seiner menschlichen Würde bedroht zu fühlen. Man mutet ihm zu, auf jedes Bestimmungsrecht über den eigenen Körper zu verzichten und passiv mit sich geschehen zu lassen, was andere für gut halten. Man zieht ihn an und aus, füttert und wäscht ihn, hilft ihm beim Urinieren und Defäzieren, dreht ihn von einer Seite auf die andere, entblößt ihn vor der Krankenschwester und dem Arzt, ohne Ansehen des Geschlechts, des Schamgefühls und der Konventionen. Die hygienische Routine, der er unterworfen ist, nimmt keinerlei Rücksicht auf seine persönlichen Gewohnheiten, Abneigungen und Wünsche. Charakteristischerweise beschreiben viele Erwachsene solche Erfahrungen als »Rückkehr zur Hilflosigkeit ihrer Kindheit«.

Aus diesem Vergleich der Krankenpflege mit der Kinderpflege dürfen wir nur nicht den Schluß ziehen, daß es leichter für das kranke Kind als für den kranken Erwachsenen ist, sich mit der Lage des Pfleglings abzufinden; eher ist das Gegenteil der Fall. Die schrittweise Beherrschung der eigenen Körperfunktionen, das heißt die Selbständigkeit im Essen, Urinieren, Defäzieren, Waschen, Anziehen usw. sind für das Kind wichtigste Stationen auf dem Weg der Ichentwicklung; die wachsende Besitznahme des eigenen Körpers ist gleichzeitig der Maßstab für seine wachsende Unabhängigkeit vom mütterlichen Körper und der mütterlichen Oberherrschaft. Jeder Rückschritt auf diesem Weg zugun-

[2] Vgl. in diesem Zusammenhang *The Middle of the Journey* von Lionel Trilling (Viking Press, New York, 1947); dort findet sich eine eindrucksvolle Beschreibung eines erwachsenen Intellektuellen, der nach dem Umsorgtsein und Gepflegtwerden während einer schweren Krankheit wieder selbst die Verantwortung für seine Gesundheit übernimmt. [1952.]

sten der Krankenpflege (oder aufgrund der Schwächung des Körpers) bedeutet darum einen gleich großen Verlust an Ichfunktion, das heißt eine Regression zu früheren, passiveren Niveaus der kindlichen Entwicklung. Kinder, die ihre Passivität mit besonderer Stärke abwehren, widersetzen sich einer solchen, von außen erzwungenen Regression aufs heftigste und sind schlechte, schwierige Patienten; andere fallen widerstandslos in den Zustand infantiler Hilflosigkeit zurück, der ihnen noch vor kurzer Zeit der natürliche war. Neu erworbene und noch nicht fest verankerte Ichfähigkeiten gehen unter diesen Umständen als erste verloren. Viele Mütter berichten, daß ihre Kleinkinder nach der Krankheit von neuem zur Sauberkeit und zum selbständigen Essen erzogen werden mußten; viele Kleinkinder weigern sich nach der Krankheit, die Mutter überhaupt von sich zu lassen.

c) Einschränkungen der Bewegungsfreiheit, Diät usw.

Noch schwerer als das Aufgeben der oben geschilderten Ichfortschritte ist für die meisten kranken Kinder das Aufgeben oder die Einschränkung der Bewegungsfreiheit. Wo die Art oder Schwere der Krankheit selbst es nicht unmöglich macht, verteidigen Kinder ihr Recht auf Bewegung bis aufs äußerste. Jede Mutter weiß, daß Kinder bei leichteren Erkrankungen zu Hause kaum im Bett gehalten werden können. Manche Kleinkinder, die das Gehen eben erst gelernt haben, stehen in ihren Gitterbetten (selbst bei schweren Kinderkrankheiten wie zum Beispiel Masern), bis Erschöpfung sie zum Niederlegen zwingt. Manche fortschrittliche Kinderärzte, die den Sachverhalt kennen, verzichten unter diesen Umständen sogar darauf, auf Bettruhe zu dringen.[3]

Was die Bewegungsfreiheit für das Kind bedeutet, läßt sich am besten an den Fällen studieren, in denen Kinder nach einem chirurgischen Eingriff oder zur orthopädischen Behandlung immobilisiert werden müs-

[3] Elsie Wright, früher Ärztin am Babies Hospital, Newcastle on Tyne, beeindruckte 1949 die Teilnehmer der Cassel Hospital Summer School for Ward Sisters mit dem Hinweis, daß auf Kinderstationen keine allzu große Strenge hinsichtlich der Frage herrschen solle, ob Kinder im Bett zu bleiben hätten; und Josefine Stross, Kinderärztin, betonte mehrfach, als sie Ausbildungskandidaten der Hampstead Nurseries (1940–1945) und des Hampstead Child-Therapy Course unterrichtete, daß selbst dann, wenn Kinder tatsächlich im Bett gehalten werden müssen, die Bewegungsfreiheit dort nicht eingeschränkt werden solle. [1952.]

sen. Die Folgen solcher Bewegungsbeschränkung sind von einer Anzahl analytischer Autoren beschrieben und diskutiert worden. So verweist David Levy[4] auf den Einfluß der Bewegungsbeschränkung der Glieder auf anderswo im Körper auftauchende stereotype oder Tic-artige Bewegungen; Mahler, Luke, Daltroff[5] beschreiben die Unterschiede zwischen mechanisch oder psychisch erzwungener Bewegungsbeschränkung: Greenacre[6] diskutiert die Bedeutung der Bewegungseinschränkung für die Herabsetzung der Aggressionsentladung, der Spannungsentladung überhaupt und der sich daraus ergebenden Übererotisierung des ganzen Körpers. Thesi Bergmann[7] beschreibt aufgrund dreijähriger Arbeit auf einer orthopädischen Abteilung die Abwehrmechanismen, die das kranke Kind in den Stand setzen, die ihm auferlegten Einschränkungen zu ertragen. Sie schildert, daß manche Kinder um so gefügiger werden, je schärfer die einschränkenden Maßnahmen sind, beschreibt aber auch ihre Zorn- und Wutausbrüche, die auftreten, wenn die Einschränkungen wieder erleichtert (nicht aufgehoben) werden oder wenn dem Kind zusätzliche, unerwartete, mit den ärztlichen Vorschriften nicht in Zusammenhang stehende Versagungen zugemutet werden. Dieselbe Autorin betont eine zweifache Beziehung zwischen den stillgelegten Gliedern und anderen Körperteilen oder Funktionen: in manchen Fällen dehnt sich die Stillegung eines Gliedes als neurotische Hemmung auf andere, gesunde Teile des Körpers aus; in anderen kompensiert das Kind für den Verlust der Bewegungsfreiheit am kranken Glied mit einer Überentwicklung von Fähigkeiten und Funktionen auf anderen Gebieten (zum Beispiel Sprache). Sara Dubo[8] beschreibt ähnliche Vorkommnisse bei Kindern mit Lungentuberkulose.

Viele, nicht schriftlich niedergelegte Beobachtungen von Eltern und Lehrern bestätigen die letztgenannten Erfahrungen. Die Verstärkung der aggressiven Neigungen während und nach Immobilisierung (zum Beispiel im Gipsverband) ist allgemein bekannt. Die eingedämmte

[4] D. M. Levy, ›Finger Sucking and Accessory Movements in Early Infancy‹, in: *Psychiat.*, VII, 1928; ders., ›On the Problem of Movement Restraint, Tics, Stereotyped Movements, Hyperactivity‹, in: *Am. J. Orthopsychiatry*, XIV, 1944.

[5] M. S. Mahler, J. A. Luke, W. Daltroff, ›Clinical and Followup Study of the Tic Syndrome in Children‹, in: *Am. J. Orthopsychiatry*, XV, 1945.

[6] Ph. Greenacre, ›Infant Reactions to Restraint; Problems in the Fate of Infantile Aggression‹, in: *Am. J. Orthopsychiatry*, XIV, 1944.

[7] Th. Bergmann, ›Observation of Children's Reaction to Motor Restraint‹, in: *Nerv. Child*, IV, 1945.

[8] S. Dubo, ›Children with Pulmonary Tuberculosis‹, in: *Am. J. Orthopsychiatry*, XX, 1950.

Aggression äußert sich gewöhnlich in Ruhelosigkeit, gesteigerter Reizbarkeit, dem Gebrauch von Schimpfworten usw.[9]

Verglichen mit dieser massiven Sperrung eines ganzen Abfuhrsystems sind die Esseneinschränkungen, die man Kindern während der Krankheit auferlegt, weniger bedeutsam. In der akuten Krankheit hilft der normalerweise herabgesetzte Appetit dem Kind, die Krankenkost zu akzeptieren. Nur Kinder mit starken oralen Fixierungen, für die die Nahrung oder ihre Entbehrung erhöhte libidinöse Bedeutung hat, reagieren auf die Diät mit Phantasien von schlechter Behandlung und Liebesentzug. In chronischen Krankheiten (wie Diabetes, Nierenstörungen, Colitis, Allergien) mit chronischer Diät besteht die Gefahr, daß die betroffenen Kinder mit Gefühlen des Anders-, Ausgestoßen-, Vernachlässigtseins reagieren oder – um sich nicht passiv beraubt zu fühlen – asketische, selbstverleugnende Tendenzen entwickeln.

Im großen ganzen schadet die Versagung einer begehrten Speise dem kranken Kinde wesentlich weniger, als wenn eine ängstliche Mutter ihm unwillkommene Nahrung aufdrängt. Mütter, die ihr krankes Kind zum Essen zwingen, verwandeln oft eine sonst leichte, vorübergehende Krankheit in den Ausgangspunkt schwerer, langanhaltender Eßstörungen. Sie rufen auf diese Art Kämpfe wieder ins Leben, die ihren Ursprung in der Säuglingszeit, der Abstillperiode usw. haben.

Manchen Kindern bereitet das Einnehmen von Medizinen große Schwierigkeiten, was sie mit dem schlechten Geschmack oder Geruch der Arznei zu rationalisieren pflegen. Eine analytische Untersuchung deckt hinter diesen manifesten Gründen unweigerlich das Vorhandensein unbewußter Phantasien auf, in denen das Kind sich von der Mutter attackiert, vergiftet oder befruchtet glaubt. Das Einnehmen von Abführmitteln, die ohne Zutun des Kindes den Stuhlgang erzwingen, bildet vielleicht das Bindeglied zwischen der Realität und diesen unbewußten Ängsten.

In bezug auf Bewegungseinschränkung und Essensentzug ist es nicht unwichtig, sich zu erinnern, daß beide Arten von Maßnahmen seit jeher auch als Erziehungsmittel im Gebrauch waren. Eltern schicken noch heute ihre Kinder strafweise auf ihr Zimmer oder ins Bett oder ent-

[9] Die Autorin kennt aus analytischer Erfahrung eine junge Patientin, die als Kind zu orthopädischen Zwecken durch lange Perioden immobilisiert war. Sie pflegte von ihrem Taschengeld ihre Freundinnen für jedes neue Schimpfwort zu bezahlen, das sie ihr aus der Schule nach Hause brachten. Der Gebrauch von Kraftausdrücken war das *einzige* Ventil für ihre aufgestaute Aggression.

ziehen ihnen ihre Lieblingsspeisen. In manchen Kreisen wird sogar das zwangsweise Verabfolgen von Abführmitteln verwendet.

d) Operationen

Seit der Entdeckung des Kastrationskomplexes haben Analytiker immer wieder Gelegenheit gehabt, sich zu überzeugen, welchen Einfluß ein chirurgischer Eingriff auf die normale oder abnorme Entwicklung haben kann. Wir wissen heute, daß jede wo immer am Körper des Kindes ausgeführte Operation als Kernpunkt für die Aktivierung, Reaktivierung und Rationalisierung von Vergewaltigungs- und Kastrationsphantasien dienen kann. Ob es sich um kleine oder große Chirurgie handelt, das Kind deutet die Aktion des Chirurgen im Sinne seiner aktuellen oder regressiv erniedrigten Triebkonstellation. Was die Operation für das Kind bedeutet, hängt darum nicht von ihrer Art oder Schwere ab, sondern von der Art und dem Niveau der Phantasien, die durch sie geweckt werden. Kinder, die ihre eigene frühinfantile Aggression auf die Mutter projizieren, empfinden die Operation als Racheakt, von der Mutter am Kind verübt (Melanie Klein); Kinder in der ödipalen Phase erleben die Operation als Symbol dessen, was sich ihrer Vorstellung nach im Geschlechtsakt zwischen den Eltern abspielt, wobei das Kind selbst in der Phantasie die Rolle des passiven Partners spielt. Kinder unter dem Druck des Kastrationskomplexes empfinden die Operationen als Verstümmelung, als Strafe für aggressive Tendenzen, für exhibitionistische Wünsche, für ödipale Eifersucht und onanistische Betätigung. Wird die Operation am Penis selbst ausgeführt (Beschneidungen nach dem ersten Lebensjahr), dann entsteht im Kind unweigerlich Kastrationsangst, auf welcher Stufe der Libidoentwicklung es sich auch befinden mag. Auf der phallischen Entwicklungsstufe anderseits kann jeder operierte Körperteil durch Verschiebung die Rolle des Geschlechtsteils übernehmen. Das Erlebnis der Operation verleiht den verdrängten Phantasien einen Aspekt von Wirklichkeit und steigert dadurch die mit ihnen verknüpften Ängste um das Vielfache. Das Kind steht jetzt unter dem Druck von zwei Gefahren: einer Realgefahr, die vom Chirurgen, und einer inneren Gefahr, die von der Steigerung der phantastischen Ängste ausgeht. Manche Kinder bewältigen diese Situation mit Hilfe ihrer Ichmechanismen; andere steigern unter dem Druck der Ängste ihre Abwehrmethoden bis zur Bildung neurotischer Symptome;

noch andere, Ich-schwächere, reagieren mit panikartigen Zuständen auf das erlebte Trauma.

In einem vor kurzem erschienenen Symposium über »Die affektiven Reaktionen von Kindern auf Mandel- und Wucherungsoperationen« [10] diskutierten Analytiker, Psychiater, Kinderärzte und Psychologen Verhütungsmaßnahmen, um die traumatische Wirkung der Operation für das Kind herabzusetzen. Sie unterscheiden drei hauptsächliche Gefahrenmomente: die Anästhesie, die Krankenhausunterbringung, den chirurgischen Eingriff. Unter den vorgeschlagenen Maßnahmen spielen folgende die größte Rolle: Auswahl des richtigen Zeitpunktes für die Operation; sorgfältige psychische Vorbereitung [11]; psychiatrische Hilfe während des Erlebnisses; Möglichkeit der Aussprache und Affektabfuhr.

Wir haben oft Gelegenheit, in der Analyse Erwachsener die Nachwirkung von Kindheitsoperationen zu studieren. Beim männlichen Patienten ist es im allgemeinen nicht die Kastrationsangst, sondern der Kastrationswunsch, die passiv-femininen Tendenzen, die durch die Operation angeregt werden. Das Kind erlebt dann den chirurgischen Eingriff als Verführung zur Passivität, der es entweder mit verheerenden Folgen für seine Männlichkeit nachgibt oder gegen die es sich mit Hilfe einer pathologisch übersteigerten Abwehr verteidigen muß. Beide Reaktionen führen zu dauernden postoperativen abnormen Charakterveränderungen.[12]

[10] Symposium (1949), ›Observation on the Emotional Reactions of Children to Tonsillectomy and Adenoidectomy‹, in: *Problems of Infancy and Childhood*, hrsg. v. M. J. E. Senn, New York, Josiah Macy, Jr., Foundation, S. 97–156. [1952.]

[11] Eltern fragen oft, wie lange vor der Operation sie dem Kind Mitteilung von dem ihm Bevorstehenden machen sollen. Die Antwort ist nicht ganz leicht zu geben. Wo die Periode der Erwartung zu lang ist, nehmen die Es-Phantasien überhand; wo sie zu kurz ist, hat das Ich nicht genügend Zeit, um seine Abwehr aufzubauen.

[12] Siehe S. D. Liptons Erörterung der im Kindesalter durchgeführten Mandeloperation als einer komplexen Erfahrung, die frühzeitig die Anpassungsfähigkeit eines Menschen an die Realität in nicht leicht vorhersagbarer Weise prägen kann: ›On the Psychology of Childhood Tonsillectomy‹, in: *The Psychoanalytic Study of the Child*, International Universities Press, New York, 1962, XVII, S. 363–417. [1952.]

3. Die Auswirkungen von Schmerz und Angst

a) Die psychische Bedeutung des Schmerzes

Kinder reagieren auf die Geschehnisse in ihrem eigenen Körper in sehr wechselnder, von Individuum zu Individuum verschiedener und für den Erwachsenen oft schwer verständlicher Weise. Was das eine Kind als heftigen, unerträglichen Schmerz erlebt, wird vom andern kaum zur Kenntnis genommen. Die analytische Untersuchung dieser auffallenden Verschiedenheiten zeigt, daß der Unterschied nicht im Schmerzerlebnis selbst liegt, sondern in dem Grad, in dem der körperliche Schmerz mit psychischer Bedeutung überlagert ist. Was immer sich in den inneren Organen ereignet oder dem Körper von außen zustößt, das Kleinkind neigt jedenfalls dazu, den peinlichen Vorfall einer äußerlichen Urheberschaft (oder ihrer verinnerlichten Imago) zuzuschreiben. Das Kind empfindet also seine Schmerzen als die Folge eines Angriffs und fühlt sich darum im Schmerz schlecht behandelt, bedroht, bestraft, verfolgt, gefährdet. Das tapfere Kind, das sich nichts aus Schmerzen macht, ist nicht wirklich weniger wehleidig als andere; es steht nur weniger unter der Herrschaft unbewußter Phantasien, die sich mit dem Schmerz verbinden. Auch heftige Schmerzen werden vom Kinde gut ertragen, solange sie nicht mit aus unbewußten Quellen stammenden Ängsten besetzt sind. Wo Angst den Schmerz steigert, wird er für das Kind zum wesentlichen Ereignis, an das es lange erinnert wird und gegen dessen Wiederholung es sich mit phobischen Abwehrmaßnahmen zu schützen sucht.

Je nach der psychischen Bedeutung des einzelnen Schmerzerlebnisses reagiert das Kind außer mit Angst auch mit Ärger, Wut- und Rachegefühlen, eventuell auch mit masochistischer Unterwerfung, Schuldgefühlen und depressiven Haltungen.

b) Schmerz und Angst bei Kleinkindern

Noch schwerer als im späteren Kindesalter ist es, bei der Beobachtung des ersten Lebensjahres das Mischungsverhältnis von psychologischen und physiologischen Elementen im Schmerzerlebnis richtig abzuschätzen. Auf dieser Entwicklungsstufe empfindet das Kind wahrscheinlich jede Unlustspannung als schmerzhaft, ohne viel Unterscheidung zwischen dem mehr diffusen Unbehagen und dem klar umschriebenen Schmerz, der von einer bestimmten Körperstelle oder einem Organ ausgeht. In den ersten Lebensmonaten ist die Reizschwelle niedriger als später; es braucht nicht viel, um eine Sensation der Unlust zum Trauma zu steigern. Der Beobachter muß sich ferner davor hüten, die Größe des Schocks aufgrund der Reaktion des Kindes zu beurteilen. Kinder unter einem Jahr reagieren auf Schmerzreize manchmal umgehend, manchmal nach verschieden langer Pause; manchmal löst der Schmerz überhaupt keine manifeste Reaktion aus.

Die analytischen Autoren der verschiedenen Schulen sind sich nicht darüber einig, von welchem Lebensalter an das körperliche Schmerzerlebnis von psychischen Vorstellungen begleitet wird. An älteren Kleinkindern (zwei- bis dreijährig) kann man beobachten, daß Impfungen, Injektionen und Höhensonnenbestrahlungen fast identische psychische Reaktionen auslösen, obwohl die zwei ersteren Schmerz und Angst verursachen, die letzteren nur Angst ohne Schmerz.

c) Passive Bindungen an den Kinderarzt

Die psychische Bedeutung des Schmerzerlebnisess macht verständlich, warum viele Kinder den Arzt (und andere Personen, die ihnen Schmerzen zufügen müssen) nicht nur fürchten, sondern auch lieben. Das Schmerzerlebnis appelliert an passiv-masochistische Regungen, die im kindlichen Liebesleben eine große Rolle spielen. Die Bindung des Kindes an Arzt oder Krankenschwester ist oft am Tag nach einer schmerzhaften medizinischen Prozedur besonders stark.

d) Wehleidigkeit als diagnostischer Faktor

In der ödipalen Phase des Knaben ist die Wehleidigkeit – oder ihr Gegenteil – ein nützlicher Fingerzeig für die Differentialdiagnose zwischen echter phallischer Männlichkeit und dem exzessiv-männlichen aggressiven Benehmen, das zur Abwehr passiv-femininer Tendenzen entwickelt wird. Der echt männliche Knabe macht sich nichts aus Schmerzen, während der nur reaktiv männliche schon bei der geringsten Körperverletzung sein psychisches Gleichgewicht verliert.

4. Die Auswirkungen der Krankheit

a) Libidinöse Veränderungen

Die manifesten Reaktionen des Kindes auf Krankenpflege und Diät, Schmerz und Angst sollen unser Interesse nicht von andern bedeutsamen und folgenschweren Vorgängen abziehen, die sich zur gleichen Zeit lautlos und unter der Oberfläche abspielen. Es handelt sich hier um Veränderungen in der Libidobesetzung, bedingt durch den erhöhten Libidoanspruch des kranken Körpers. Manche Mütter haben ein scharfes Auge für die äußeren Anzeichen dieser inneren Prozesse und sind imstande, aus ihnen das Herannahen einer Erkrankung zu erraten, manchmal lange ehe sich die ersten bedeutsamen körperlichen Symptome zeigen.

Kinder reagieren auf zwei verschiedene Arten auf den erhöhten Libidoanspruch ihres Körpers. Manche, die als Gesunde guten Kontakt mit ihrer Umwelt, ihrem Spielzeug, den täglichen Ereignissen haben, ziehen sich am Beginn einer Erkrankung von allem zurück und kauern, matt und gelangweilt, in irgendeinem Winkel.[13]

Auf der Höhe der Krankheit liegen sie bewegungslos im Bett, kehren das Gesicht zur Wand und lehnen Spielzeug, Nahrung und liebevolle Annäherungen ab. Sie machen den Eindruck von Schwerkranken, auch wenn ihnen nichts fehlt als Halsweh, Bauchweh, leichtes Fieber oder eine der gewöhnlichen Infektionskrankheiten, und jedenfalls jagen sie ihren Müttern durch die auffallende Veränderung ihres ganzen Wesens keinen geringen Schrecken ein. In Wirklichkeit ist diese Veränderung aber nicht körperlich bedingt, sondern psychisch, und man tut unrecht, aus ihrer Schwere auf die Schwere der Krankheit zu schließen. Das Kind zieht seine Libido von der Umwelt ab und besetzt mit ihr seinen durch die Krankheit bedürftig gewordenen Körper. Der Vorgang macht einen unheimlichen, bösartigen Eindruck, ist aber in Wirklichkeit gutartig, das heißt, der Herstellung günstig.

Die Kinder eines zweiten libidinösen Typus verhalten sich aus noch unaufgeklärten Ursachen in umgekehrter Weise. Unfähig, ihrem eigenen kranken Körper die zusätzliche narzißtische Besetzung, die er verlangt, zuzuwenden, erwarten sie den Zusatz an Liebe und Aufmerksamkeit von der pflegenden Mutter und werden dadurch in einer ihrem

[13] Vergessen wir nicht, daß die Mattigkeit auch körperliche Ursachen hat.

Alter nicht mehr entsprechenden Weise anspruchsvoll, quälerisch und von der Anwesenheit der Pflegeperson abhängig. Sie verhalten sich wie Säuglinge, das heißt wie in der Lebenszeit, in der die Besetzung des kindlichen Körpers mit mütterlicher Libido der Hauptfaktor ist, der das Kind vor Schaden, Destruktion und Selbstdestruktion schützt.[14] Der oberflächliche Beobachter sieht nur, daß die kranken Kinder des ersten Typus »anspruchslos« sind, die des zweiten »anspruchsvoll«. In beiden Fällen geht die allmähliche Gesundung Hand in Hand mit der allmählichen Normalisierung der Libidoverteilung, allerdings nicht ohne Schwierigkeiten und Rückfälle, während derer das Kind noch nicht ganz wieder das frühere Wesen zurückgewinnt. In manchen Fällen bleibt die abnorme Libidoverteilung auch durch längere Zeit bestehen und erzeugt die oben geschilderten, nach vielen Krankheiten auftretenden, sonst unerklärten Veränderungen der Persönlichkeit.

b) Der Körper des Kindes als Eigentum der Mutter. Die Hypochondrie

Trotz aller gegenteiligen Erwartungen der Mütter sind Kinder – auch wenn sie dem Stadium des Kleinkindes längst entwachsen sind – nicht imstande, für ihren eigenen Körper zu sorgen oder ohne Überwachung die Vorschriften der Hygiene und Gesundheitspflege einzuhalten. Sooft eine stolze Mutter sich rühmt, daß ihr Kind sich vor dem Essen ohne Aufforderung die Hände wäscht, können wir nachweisen, daß das betreffende Kind ein Zwangscharakter und seine scheinbar vernünftige Reinlichkeit eine zwangsneurotisch-magische Abwehr gegen phantastische Gefahren ist. Kinder, die sich selbst gegen Zugluft und Kälte schützen, tun es, weil sie Todesängste haben; wenn sie vorsichtig sind, was sie essen, hat es seinen Grund in Vergiftungsideen; wenn sie mäßig oder asketisch im Essen sind, wehren sie Schwangerschaftsphantasien ab. Normale Durchschnittskinder beobachten keine dieser Vorsichten. Sie essen mit schmutzigen Händen, überessen sich, freuen sich an grünen Äpfeln und sonstigem unreifen Obst, trotzen der Kälte und Nässe, solange die Mutter sie nicht mit Güte oder Strenge, Drohung oder Strafe davon abhält. Wenn ihrem Körper ein Schaden geschehen ist, lassen sie sich bestenfalls von der Mutter pflegen, wenn sie sich nicht auch da noch aus besten Kräften gegen die Pflege wehren. Sie benehmen sich, als wäre

[14] Willi Hoffer, ›Oral Aggressiveness and Ego Development‹, in: *Int. J. Psychoanalysis*, XXXI, 1950, und in: *The Yearbook of Psychoanalysis*, VII, 1951.

die Instandhaltung ihres Körpers nicht ihre Angelegenheit, sondern ausschließlich die der Mutter, und beharren bei dieser Einstellung, die offenbar ein wichtiges Element der Mutter-Kind-Beziehung ist, bis zum Erwachsensein. Noch in der Pubertät, ehe der junge Mensch die volle Unabhängigkeit von den Eltern erwirbt, ist die Vernachlässigung aller Gesundheitsregeln oft ein zentraler Punkt in den erbitterten Meinungsverschiedenheiten, die sich zwischen den Halbwüchsigen und ihren Müttern abspielen.

Bei mutterlosen, verwaisten und Anstaltskindern ist der Sachverhalt ein völlig anderer. Weit entfernt davon, die Freiheit von ängstlicher mütterlicher Fürsorge zu genießen (wie wir es aufgrund der ständigen Revolte der bemutterten Kinder erwarten würden), geben mutterlose Kinder in ganz erstaunlicher Weise auf ihren eigenen Körper acht. In einer der Autorin bekannten Anstalt für Kleinkinder war es oft schwierig, ein Kind dazu zu bringen, auch bei warmem Wetter seinen Pullover oder seinen Mantel abzulegen. »Ich könnte mich erkälten«, war die Einwendung. Andere wieder verlangten und trugen gewissenhaft Überschuhe, »um keine nassen Füsse zu bekommen«. Manche Kinder verfolgten ängstlich, ob sie auch lang genug schliefen, andere, ob sie auch richtig ernährt würden. Es schien, als ob alle Ängste um die Gesundheit des Kindes, die den abwesenden Müttern zugehörten, nach der Trennung oder nach dem Verlust der mütterlichen Fürsorge von den Kindern selbst übernommen worden wären und ihr Benehmen bestimmten. In Identifizierung mit der zeitweise oder für immer verlorenen Mutter nimmt das Kind seinem Körper gegenüber ihre Stelle ein und beginnt, auf ihn achtzugeben, wie sie es in der Vergangenheit getan hat.[15]

Ein solches Verhalten der Kinder zu ihrem eigenen Körper erinnert in auffallender Weise an das Benehmen des erwachsenen Hypochonders, zu dessen Verständnis wir vielleicht von hier aus Zugang gewinnen können. Das der mütterlichen Fürsorge beraubte Kind übernimmt die Rolle der pflegenden Mutter sich selbst gegenüber und spielt »Mutter und Kind« mit seinem eigenen Körper. Der erwachsene Hypochonder, der seine Libido von der Objektwelt abzieht, um sie auf seinen Körper zu konzentrieren, handelt ähnlich. Sein mit Libido überbesetzter Körper repräsentiert ihn selbst als Kind, über das sein erwachsenes Ich in

[15] Zur Illustration das Beispiel eines sechsjährigen mutterlosen Knaben. In einer langdauernden nächtlichen Attacke von Brechdurchfall hörte man ihn zu sich selbst sagen: »Ich, mein Liebes.« Auf die Frage, was das bedeute, antwortete er: »Daß ich mich lieb habe. Man soll sich doch lieb haben, nicht wahr?«

der Rolle der Mutter die Obhut übernimmt. Je stärker die Identifizierung mit der liebenden Mutter und ihrer Fürsorge für ihren Säugling ist, desto höher steigert sich die Empfindlichkeit für alle Vorgänge in seinem Körperinnern. Die hypochondrische Phase, die so vielen psychotischen Erkrankungen vorangeht, entspräche somit einer Regression, das heißt, der symbolischen Wiederherstellung der frühesten Körpereinheit zwischen Mutter und Kind.

5. Zusammenfassung

Im Anschluß an eigene und fremde Untersuchungen über das Phänomen der infantilen Trennungsangst (Folgen der Hospitalisierung usw.) setzt die Autorin sich in der vorstehenden Arbeit mit weiteren Faktoren auseinander, die bei der psychischen Reaktion des Kindes auf körperliche Erkrankung eine Rolle spielen. Die Folgen der von der Umwelt beeinflußbaren pflegerischen und ärztlichen Maßnahmen werden unterschieden von den Erscheinungen, die – wie Schmerzwirkung und Libidoverschiebungen – durch den Krankheitsprozeß selbst bedingt sind. Das Verhalten verwaister Kinder, die in der Rolle der Mütter den eigenen Körper pflegen, wird verglichen mit dem des erwachsenen Hypochonders, der nach dem Libidoabzug von der Objektwelt Mutter und Kind mit seinem Körper spielt.
Rückkehrend zu den Problemen der Trennungsangst und Hospitalisierung, betont die Autorin noch einmal, wie schwerwiegend und gefährlich es ist, ein junges Kind gerade dann von der rechtmäßigen Besitzerin seines Körpers zu trennen, wenn dieser Körper krank, das heißt, von äußeren und inneren Gefahren bedroht ist.

Die Mandeloperation einer Vierjährigen: Über den Bericht einer Mutter

VON

ANNA FREUD

Die Mandeloperation einer Vierjährigen: Über den Bericht einer Mutter*

In früheren Publikationen habe ich mehrmals mit Bedauern darauf hingewiesen, daß Pädagogen nur selten Gelegenheit haben, den Krankheitszustand eines Kindes von Anfang bis Ende zu verfolgen. Die berufliche Spezialisierung bringt es mit sich, daß Lehrer, Erzieher und Heilpädagogen den Kontakt mit ihren Zöglingen unterbrechen, sobald diese erkranken, und daß Kinderärzte und Kinderkrankenpflegerinnen ihre Patienten aus den Augen verlieren, sobald die akute Krankheit vorüber ist. Letzten Endes sind es nur die Mütter, die das Kind durch alle Phasen von Erkrankung, Rekonvaleszenz und Genesung begleiten. Aber Mütter sind, meiner damaligen Behauptung nach, meist überbürdet, oft überängstlich und aus beiden Gründen wenig geeignet, objektive Beobachtungen durchzuführen.

Seit dem Erscheinen eines Berichts von Joyce Robertson über die Mandeloperation ihrer vierjährigen Tochter habe ich allen Grund, meine oben erwähnte Meinung zu ändern. Hier haben wir eine Mutter, die dem Kind gegenüber ihre Objektivität bewahrt, die sich von den Störungen des kindlichen Benehmens nicht beirren läßt und die nie die Gefühlsschwankungen aus den Augen verliert, auf denen das Verhalten des kleinen Mädchens beruht. Wir verdanken ihr infolgedessen eine wertvolle Beschreibung der äußeren und inneren Ereignisse: Operation und Krankenhaus begleitet von dem inneren Kampf des kindlichen Ichs mit den von dem Erlebnis ausgelösten Ängsten.

* [Die Originalfassung dieser Arbeit erschien unter dem Titel ›Comments on Joyce Robertson's »A Mother's Observations on the Tonsillectomy of Her Four-Year-Old Daughter«‹ erstmals 1956 in: *The Psychoanalytic Study of the Child*, Bd. 11, S. 428 bis 432; in: *The Writings of Anna Freud* findet sie sich in Bd. IV, S. 293–301, International Universities Press, Inc., New York 1968. Sie erscheint hier erstmals in deutscher Sprache. D. Red.]

Die Mutter beginnt ihr Tagebuch in der Periode der Vorbereitung auf die Operation, und wir erfahren, daß Hanna sich so verhält, wie unsere theoretischen Erfahrungen es uns erwarten lassen. Sie fürchtet sich vor der Narkose, die sie als oralen Angriff symbolisiert, und reagiert mit einer Weigerung zu essen. Die Mutter versteht die Verschiebung der Angst auf die Nahrungsaufnahme, deutet sie, verhindert damit das Entstehen von ernsthafteren Eßschwierigkeiten und bringt das Kind dazu, die vermeintliche Gefahrsituation vernunftmäßig zu besprechen. Die oralen Ängste verschwinden daraufhin, machen aber einem nächsten Stadium Platz: Trennungsangst von der Mutter. Hier fällt es der Mutter nicht schwer zu beschwichtigen; sie hat sich von Beginn die Erlaubnis verschafft, das Kind ins Krankenhaus zu begleiten. Auch diese Angst verschwindet, und statt dessen tauchen Kastrationsängste auf: Hanna phantasiert von einem Loch im Körper, vermeidet vorübergehend den Gebrauch von Messer und Gabel, geht aber fast unmittelbar von diesem phobischen Verhalten zu dem aktiven Gebrauch von Messern über. Sie spielt Chirurg und operiert an sich selbst, wendet die Aggression aber auch von dem eigenen Körper auf die Umwelt und attackiert Familienmitglieder, die Möbel usw. Aus dem Unbewußten tauchen weiterhin Todesängste und Angst vor Blutverlust auf; von seiten des Überichs kommen Drohungen mit moralischem Hintergrund. Das Krankenhaus verwandelt sich in der Erwartung in ein Gefängnis; der Chirurg erscheint als Polizeimann, und die Operation selbst erhält die Gestalt einer strengen Bestrafung für irgendwelche vergangene Untaten.

Wir sind nicht erstaunt zu erfahren, daß unter dem Druck dieser Ängste Hannas Benehmen negative Formen annimmt. Einesteils hängt sie an der Mutter, anderseits ist sie ungeduldig, gereizt, unfolgsam und ausfallend. Je näher das Datum der Operation rückt, desto primitiver werden ihre auch gegen die eigene Person gerichteten Äußerungen und Abwehrmechanismen. Sie neigt zu Unfällen und Selbstschädigungen; sie entwickelt körperliche Symptome und Wutausbrüche. Am Ende der Wartezeit schließlich erlangt die Verleugnung der inneren und äußeren Wirklichkeit die Oberhand. Hanna versichert, daß Kinder *nicht* umgebracht werden; daß Kinder *nicht* ins Krankenhaus kommen; daß es im Krankenhaus schön ist; daß Kinder ihre besten Kleider anhaben; daß sie überhaupt nicht mehr nach Hause kommen wollen, usw. Wir erfahren, daß Hanna sich im letzten Augenblick weigert, ins Krankenhaus mitzugehen, und dürfen annehmen, daß diese Weigerung auf dem-

selben Mechanismus beruht. Sie verleugnet ihre Hilflosigkeit und Machtlosigkeit und versucht statt dessen, die Situation zu beherrschen.
Das Tagebuch der Mutter zeigt uns ein verändertes Bild nach Ausführung der Operation. Die Erwartungsängste sind verschwunden, und Hanna ist mehr geneigt, den Wirklichkeiten näherzutreten. Sie sieht sich sogar bluten, ohne in die früheren Phantasien zurückzufallen. Was sie statt dessen beunruhigt, ist der Ausfall an bewußtem Erleben während der Narkose, die sie vielleicht im Unbewußten als passive Überwältigung erlebt. Ihre individuelle Reaktion auf den Vorfall ist eine Art Fragezwang, ein unersättliches Bedürfnis nach Einzelheiten, die imstande sein könnten, den verlorenen Zusammenhang wiederherzustellen. Andere Kinder antworten auf dasselbe Erlebnis oft mit phobischer Angst vor dem Einschlafen als einem Zustand, in dem man hilflos allem ausgeliefert ist. Hanna entwickelt, wie viele andere Kinder, zu dieser Zeit auch ein lebhaftes Interesse an den Vorgängen im Krankenhaus und an den Krankenschwestern, aber im Unterschied zu anderen ist ihre Einstellung nicht nur passiv-masochistisch, sondern gleichzeitig aktiv und aggressiv: sie möchte der Pflegerin wehtun, die ihr wehgetan hat. Hanna ist an dem Morgen vor ihrer Entlassung aus dem Krankenhaus ausgesprochen reizbar. Wir dürfen annehmen, daß sie im Grunde bis zum letzten Augenblick nicht an die Entlassung glaubt.
Der Vorfall ist mit der Heimkehr nach Hause begreiflicherweise nicht zu Ende, und in den drei darauffolgenden Wochen beschäftigt sich das Tagebuch mit den Nachwirkungen. Hannas Beisammensein mit der Mutter während des Krankenhausaufenthalts bewahrte sie vor der nachfolgenden Trennungsangst, die wir in anderen Fällen zu sehen gewohnt sind. Nur vor dem Einschlafen weigert sie sich, alleingelassen zu werden, was wahrscheinlich auf die Angst vor der Narkose zurückgeht, sie dem Schlaf gegenüber mißtrauisch macht und sie, nur soweit dieses Mißtrauen geht, von der Mutter abhängiger macht, als sie es vorher war.
Wir erfahren zu unserem Erstaunen auch, daß Hanna plötzlich beschließt, die Mandeln wegzuwerfen, die sie vorher sorgfältig bewahrt hatte. Sie handelt hier wie die Kinder, die zur Zeit der Reinlichkeitserziehung vorziehen, ihre eigenen hochgeschätzten Körperprodukte selbst ins Klosett zu schütten, anstatt den Akt passiv der Mutter zu überlassen. Hanna wiederholt vielleicht, was zur Zeit ihrer Reinlichkeitserziehung zwischen ihr und ihrer Mutter vorgegangen ist.
In dieser Nachzeit ist für uns ferner Hannas erhöhte Ambivalenz der Mutter gegenüber von Interesse, eine Einstellung, die an die Gefühle

der frühesten Kindheit erinnert. Hannas Mutter spielt zu dieser Zeit für das Kind eine doppelte Rolle, sie ist abwechselnd »gut« und »böse«, einesteils die Beschützerin gegen Gefahr, andererseits die Person, die das Kind der Gefahr ausliefert. Demzufolge wechseln Dankbarkeit und Ärger, Liebe und Haß in rascher Folge einander ab und machen das Benehmen des Kindes schwierig und unberechenbar. Hand in Hand mit dieser Regression im Verhalten zur Mutter gehen auch wiedererweckte primitive Ängste und mit ihnen die Abwehrmechanismen der vorbereitenden Periode. Nur ist Hanna jetzt, nach der glücklich verlaufenen Operation, besser imstande, den Ängsten zu begegnen und manche noch unverarbeitete Reste des Erlebnisses zu bewältigen. Sie verliert langsam das Bedürfnis nach ständiger Angstbeschwichtigung und gewinnt damit ihre frühere Unabhängigkeit zurück. Sie bleibt, wie ein Gefühlsrückfall nach zwei Monaten zeigt, noch eine Weile anfällig, benützt denselben Rückfall aber auch zu einem noch gründlicheren Durcharbeiten des ganzen Erlebnisses.

Wir können nicht umhin, uns zu fragen, wie Hannas Schicksal sich gestaltet hätte, wenn sie, wie so viele andere Kinder, zur kritischen Zeit ohne mütterlichen Beistand und unter Fremden sich selbst, ihren Ängsten und Abwehrkämpfen überlassen gewesen wäre. Was unter den im Tagebuch geschilderten, günstigen Umständen vor sich geht, ist nur zu klar. Das Kind ist damit beschäftigt, die äußeren Gefahren entstellt und vergrößert zu sehen und sie zur Darstellung tiefinnerer Ängste zu verwenden. Die Mutter antwortet darauf mit Ruhe, Toleranz und Verständnis, macht die Entstellungen rückgängig, entwirrt Phantasie und Wirklichkeit und arbeitet daraufhin, die Angst auf ein Maß herabzusetzen, von dem das Kind nicht mehr überwältigt wird. Es spricht für ihren eigenen gesunden Wirklichkeitssinn, daß ihr Vorhaben gelingt, ohne daß sie zu Beschönigungen ihre Zuflucht nehmen muß.
Ich betrachte Joyce Robertsons Publikation als einen wichtigen Beitrag zu unseren analytischen Studien des kindlichen Seelenlebens, nicht weniger aufschlußreich als die Beiträge, die sich aus den an Kindern ausgeführten analytischen Behandlungen ergeben. In ihrer Rolle als Mutter hat sie alles Recht, sich auf die individuelle Erfahrung am eigenen Kind zu beschränken und sich vor Verallgemeinerungen zurückzuhalten. Als analytische Leser ist es uns erlaubt, einen Schritt weiterzugehen und ihrer Studie einige allgemeingültige Erfahrungen zu ent-

nehmen. Letztere beziehen sich, meiner Meinung nach, vor allem auf zwei wichtige Punkte.

Der erste Punkt betrifft die aus den Aufzeichnungen hervorgehende Erfahrung, daß das psychische Gleichgewicht eines Kindes von der Ökonomie der seelischen Vorgänge abhängt, d. h. von den relativen Quantitäten der Ich- und Es-Strebungen. Es gelingt dem Ich, Ängste zu meistern, solange ihre Quantitäten eine gewisse Schwelle nicht überschreiten. Angst wirkt pathogen, d. h. produziert neurotische Symptome oder abwegiges Benehmen, wenn ihre Stärke diese Schwelle überschreitet und damit den Abwehrvorgängen des Ichs eine Aufgabe zumutet, die sie nicht leisten können. Wenn, andererseits, das Ich seiner Aufgabe gerecht wird, fühlt das Kind sich ermutigt und erleichtert. Das Ich stärkt sich am eigenen Erfolg, so daß an sich traumatische Erlebnisse der Gesamtpersönlichkeit – wie in Hannas Fall – zugute kommen, anstatt ihr zu schaden.

Der zweite Punkt betrifft die zahlreichen im Bericht enthaltenen Bestätigungen, daß äußere Gefahren an sich, wie immer sie sein mögen, nicht traumatisch auf das Kind wirken. Injektionen, Blutverlust, Operationen usw. können bewältigt werden, solange sie bleiben, was sie sind, anstatt sich in Phantasien zu Vergewaltigung, Kastration, Verstümmelung, Verurteilung usw. zu verwandeln.

In Hannas Fall sehen wir Ängste von zweierlei Art und sind versucht, noch einmal zu einer alten, neuerdings vernachlässigten analytischen Streitfrage zurückzukehren, d. h. zu der Frage, ob es so etwas wie eine »Realangst« gibt. Viele Analytiker sind der Meinung, daß reale Gefahren im psychischen Geschehen unweigerlich in innere Gefahren umgesetzt werden, d. h. daß alle Angst letzten Endes Angst vor Inhalten des Es bedeutet. Für meine eigene Person zögere ich, ebenso weit zu gehen. Was mir wahrscheinlicher erscheint, ist die Koexistenz von äußeren und inneren Gefahr- und Angstsituationen, mit fließenden Übergängen zwischen beiden. Was wir »Mut« nennen, beruht vielleicht auf der Fähigkeit, äußeren Gefahren auf ihrem eigenen Boden zu begegnen und ihr Zusammenfließen mit den aus dem Es auftauchenden unbewußten Ängsten zu verhüten.

Gerade das ist es auch, was Hannas Mutter zustande zu bringen bemüht ist. Sie hilft dem Kind, die Operation als das zu sehen, was sie ist: ein Ereignis in der Wirklichkeit, das Unlust und Gefahren mit sich bringt, die man bedenken und besprechen kann. Die damit verbundene Angst wirkt nicht überwältigend, solange der ganze Vorgang im Bereich des Bewußtseins bleibt und vom Ich des Kindes verarbeitet werden kann. Sie wird erst übermäßig und gibt Anlaß zu krankhaften Erscheinungen, wenn sie sich mit Phantasien aus dem Unbewußten verbindet, denen gegenüber das vernünftige Ich machtlos ist.

Für den Kinderanalytiker entsteht noch die Frage, inwieweit ein solches Vorgehen einer aufgeklärten und einsichtigen Mutter im Grunde über den mütterlichen Bereich hinausgeht und in die Rechte eines Therapeuten eingreift. Hier würde ich die folgende Antwort vorschlagen: eine Mutter soll – wie Hannas Mutter – ihre Aufgabe darin sehen, dem kindlichen Ich in seiner Aufgabe der Angst- und Triebbewältigung mit Rat und Tat beizustehen, d. h. sein bewußtes Leben vor Einbrüchen aus dem Unbewußten zu schützen. Kinderanalytiker andererseits arbeiten in der umgekehrten Richtung. Sie stellen in der analytischen Situation Bedingungen her, in denen es für das Kind ungefährlich ist, seine Abwehr gegen die aus dem Es stammenden Regungen und Phantasien zu ermäßigen. Das Ich macht auf diese Weise Kontakt mit den tieferen Regionen des Seelenlebens und bringt Umformungen und Verwandlungen der Phantasien und Triebabkömmlinge zustande, die neurotische Angstausbrüche und neurotische Symptombildungen unnötig machen.

Anhang

Namen- und Sachregister

Zusammengestellt von Ingeborg Meyer-Palmedo und Marlies Spirandelli

Für die Namen der Kinder, von denen Krankenberichte aufgeführt sind, vgl. auch die ›Liste der Fallbeispiele‹ im vorliegenden Band, S. 100–103.

Notiz über die Autorinnen

ANNA FREUD, geboren 1895 in Wien, Tochter Sigmund Freuds und Mitbegründerin der Kinderanalyse. Sie erhielt ihre psychoanalytische Ausbildung in Wien. Bis 1938 war sie Direktorin des dortigen Psychoanalytischen Instituts. In diesem Jahr emigrierte sie mit ihrer Familie nach London, wo sie von 1940 bis 1945 die von ihr gegründeten Hampstead Nurseries leitete. Seit 1952 ist sie Direktorin der Hampstead Child-Therapy Clinic sowie des 1947 gegründeten Hampstead Child-Therapy Course, der wichtigsten europäischen Ausbildungsstätte auf dem Felde der Psychoanalyse des Kindes. Daneben arbeitet sie nach wie vor als praktizierende Analytikerin. Sie ist Mitglied der British Psychoanalytic Society, London. Für ihre überragenden Verdienste auf vielen humanwissenschaftlichen Gebieten, z. B. auch auf demjenigen des Familienrechts, wurde ihr mehrmals die Ehrendoktorwürde verliehen, zuletzt 1968 von der Yale University, New Haven. – Um nur einige Titel ihres umfangreichen Werks zu nennen, die auf dem deutschen Markt zugänglich sind: *Das Ich und die Abwehrmechanismen* (1936; in einer Taschenbuchausgabe beim Kindler-Verlag, München 1964), *Einführung in die Psychoanalyse für Pädagogen* (Verlag Hans Huber, Bern/Stuttgart [5]1971), *Wege und Irrwege der Kinderentwicklung* (beim Klett-Verlag, Stuttgart 1968). Der S. Fischer Verlag hat bereits 1971 in seiner Reihe ›Conditio humana‹ einen Band veröffentlicht: Anna Freud, Dorothy Burlingham und Mitarbeiter, *Heimatlose Kinder; Zur Anwendung psychoanalytischen Wissens auf die Kindererziehung.*

THESI BERGMANN, geboren 1904 in Wien. Von 1933 bis 1935 besuchte sie die Wiener Lehrerinnenbildungs-Anstalt und erhielt 1935 ihr Diplom. Von 1932 bis 1938 absolvierte sie die Berufsausbildung des Lehrausschusses der Wiener Psychoanalytischen Vereinigung. 1933 bis 1938 unterrichtete sie an Volks- und Montessori-Schulen in Wien. Sie war von 1932 bis 1938 Mitarbeiterin von August Aichhorn an dessen Erziehungsberatungsstelle. Nach ihrer Emigration nach England arbeitete sie von 1938 bis 1945 nacheinander an einer Schule für blinde Kinder, Abbottskerswell, an einer Schule für asoziale Knaben, Cambridge, als Gutachterin am G. B. Priestley Kriegskinderheim, Broxwood Court; zuletzt war sie Mitarbeiterin Anna Freuds an den Hampstead Nurseries für Kriegskinder und an der Horelands Hospital School, Bromsgrove. Von 1945 bis 1948 war sie als Beraterin an der Cleveland Day Nursery Association, einer Tagesheimstätte für Kinder arbeitender Mütter, tätig. Von 1948 bis 1967 wirkte sie, u. a. als Assistant Professor für Kindertherapie, an der Case Western Reserve University, und zwar in der Abteilung für Kinderpsychiatrie der dortigen Medical School, Rainbow Hospital. Dort hat sie das in ›Kinder im Krankenhaus‹ vorgelegte Material gesammelt.

Zunächst veröffentlichte Thesi Bergmann mehrere Beiträge in der *Wiener Zeitschrift für psychoanalytische Pädagogik.* Um nur einige ihrer späteren Publikationen zu nennen: ›Application of Analytic Knowledge to Children with Organic Illness‹, in: *Recent Development in Psychoanalytic Child Therapy,* International Universities Press, New York 1957, S. 139 ff.; ›Personality Development of Two Chronically Ill Children‹, in: *Bulletin of the Philadelphia Association for Psychoanalysis,* Bd. 17, Nr. 3, 1967, S. 158 ff.; ›Observation of the Reaction of Healthy Children to Their Chronically Ill Siblings‹, in: *Bulletin of the Philadelphia Association for Psychoanalysis,* Bd. 21, Nr. 3, 1971, S. 145 ff.

Conditio humana

Sigmund Freud
Studienausgabe

Die erste kommentierte deutsche Edition
Nach Themen geordnet
Herausgegeben von Alexander Mitscherlich, Angela Richards, James Strachey †

Band I	Vorlesungen zur Einführung in die Psychoanalyse; Neue Folge der Vorlesungen zur Einführung in die Psychoanalyse
Band II	Die Traumdeutung
Band III	Psychologie des Unbewußten
Band IV	Psychologische Schriften
Band V	Sexualleben
Band VI	Hysterie und Angst
Band VII	Zwang, Paranoia und Perversion
Band VIII	Zwei Kinderneurosen
Band IX	Fragen der Gesellschaft / Ursprünge der Religion
Band X	Bildende Kunst und Literatur
Ergänzungsband	Schriften zur Behandlungstechnik

Da die Psychoanalyse Sigmund Freuds unbestritten zu den Meilensteinen auf dem Felde der Wissenschaften vom Menschen zählt, wurde die Freud-Studienausgabe der Reihe ›Conditio humana‹ angegliedert.

S. Fischer